crime

CRENÇA E REALIDADE

da vinci jur

EDITOR
Daniel Louzada

REVISÃO
Ananda França de Almeida

CAPA
Maikon Nery

PROJETO GRÁFICO E DIAGRAMAÇÃO
Rodrigo Corrêa/@cismastudiocisma

crime
CRENÇA E REALIDADE

JUAREZ TAVARES

3ª EDIÇÃO

da vinci jur

RIO DE JANEIRO, 2025.

Primeira edição: outubro de 2021.
Segunda edição: março de 2023.
Terceira edição: agosto de 2025.

Dados Internacionais de Catalogação na Publicação (CIP)
Odilio Hilario Moreira Junior CRB — 8/9949

T231c Tavares, Juarez
Crime: crença e realidade / Juarez Tavares. — 3. ed. —
Rio de Janeiro: Da Vinci Jur, 2025.
216 p.; 14cm x 21cm.

Inclui índice.
ISBN 978-65-8497-214-8

1. Direito. 2. Direito penal.
3. Crime. 4. Criminologia.
5. Filosofia do direito. I. Título.

CDD 345
2025-2857 CDU 343

Índice para catálogo sistemático:
1. Direito penal 345
2. Direito penal 343

DA VINCI LIVROS
Livraria Leonardo da Vinci
Av. Rio Branco, 185 – subsolo – lojas 2-4
Centro – Rio de Janeiro – RJ – 20040-007
davincilivros@leonardodavinci.com.br
www.davincilivros.com.br
www.leonardodavinci.com.br

Para Marcia Tiburi, filósofa libertária,
que sempre mostrou a relação e a diferença
entre crença e realidade.

EQUAÇÃO DOS ELEMENTOS PRIMITIVOS

Es gibt keine tabula rasa. Wie Schiffer sind wir, die ihr Schiff auf offener See umbauen müssen, ohne es jemals in einem Dock zerlegen und aus festen Bestandteilen neu errichten zu können.

Não há tabula rasa. Somos como capitães que têm de reconstruir o seu navio em alto mar, sem nunca poder desmanchá-lo em um estaleiro, mas reedificá-lo a partir de componentes sólidos.

Otto Neurath, Protokolsätze, Erkenntnis 3, 1932.

NOTA PRÉVIA

Este pequeno livro não pretende trabalhar o crime sob olhar dogmático do direito penal. A doutrina penal já esgotou, praticamente, todo seu arsenal lógico para compor uma estrutura racional do chamado fato punível. As inovações que se processam nessa estrutura quase que se limitam a produzir pequenas alterações, algumas para justificar as incriminações, outras, para sua limitação. Sempre me propus a inserir-me entre aqueles que tomam o direito penal, na qualidade de saber, no sentido de contenção do poder punitivo, porque jamais acreditei que o ser humano pudesse alcançar sua felicidade mediante a produção de sofrimento àqueles que não se ajustaram às regras dominantes, ainda que esses desajustes impliquem também sofrimento em suas vítimas.

Procuro, aqui, refletir sobre aspectos que envolvem o crime como uma consequência da normatização da sociedade, e que devem ser vistos sob vários enfoques: filosóficos, sociológicos, políticos e, inclusive, jurídicos. A alguns pode parecer que meus pensamentos expressem puras utopias. Não estou preocupado com essas observações. Entendo que o ser humano deve merecer outro mundo, e que outro mundo é possível, quando todos se convençam de se despirem dos preconceitos, das discriminações e dos maus sentimentos, de submeterem seus próprios interesses à cooperação humanitária, de olharem o outro com os mesmos olhos que empregariam para observar a si mesmos, de vencerem os experimentos e desejos de destruição.

Quero agradecer, nesta oportunidade, a quem contribuiu, na leitura dos originais, com críticas e sugestões, especialmente, a Rubens Casara e Antonio Martins. Agradeço também a Ananda França de Almeida pela minuciosa correção do texto.

Rio de Janeiro, agosto de 2021.

Juarez Tavares

O SER HUMANO E SEUS ELEMENTOS DE REFERÊNCIA

Quando o jovem médico Lemuel Gulliver, na obra ficcionista de Jonathan Swift[1], chega ao país dos Huyhnhnms, defronta-se com a maior dificuldade ao explicar aos cavalos como era o funcionamento da justiça inglesa. Enquanto os cavalos seguiam uma lógica linear, Gulliver procurava mostrar como o direito, afinal, intervinha nas relações pessoais. Essa discrepância de compreensão das coisas mostra, na verdade, que todos os seres vivos tomam alguns parâmetros de referência para sua orientação no mundo. Esses parâmetros podem indicar os limites espaciais das ações, nos quais se estimam as possibilidades de movimento para alcançar os meios de subsistência, como ocorre com animais e seres humanos na busca de alimentos, ou a nutrição solar pelo tropismo das plantas.

Os limites espaciais são, porém, insuficientes ao empenho pela sobrevivência. Mesmo para os cavalos, que têm todas as condições musculares para percorrer grandes espaços, a vida não se resume a galopar, porque a cada passo devem enfrentar adversários naturais, escolher a comida que lhes faz bem, refugiar-se das intempéries, fugir dos predadores, afastar com o rabo os mosquitos, dormir em local protegido quando o Sol se põe, reproduzir e cuidar da prole para garantir que sua espécie possa ter permanência no mundo. À medida que os seres vivos evoluem, os pontos de referência se tornam mais complexos. Ao ser humano não basta saber que deve andar nas florestas, nos campos ou no deserto, ou percorrer os rios, na busca por alimento. Pelas próprias condições de sua inferioridade física, cabe-lhe também sedimentar uma vida de cooperação com os demais, sem a qual sua sobrevivência se tornaria impossível.

A cooperação para a sobrevivência gera, por sua vez, uma compreensão do mundo diversa daquela dos cavalos. Não é uma sobrevivência no espaço. A cooperação pressupõe desde logo o reconhecimento do outro, suas deficiências, seus atributos, sua capacidade maior ou menor de manejar instrumentos, de identificar e eliminar os perigos, de proteger-se, de procriar e de se fazer compreender. Esse reconhecimento, por seu turno, constrói também uma referência temporal, cria uma história e sua reprodução, inicialmente, em rabiscos e desenhos e, depois, por uma linguagem que se perpetua como principal manifestação de presença e existência. Essa simples exposição de como se produz a aproximação do outro e como a convivência se afirma por meios mais complexos pode proporcionar uma ideia sobre como se formam, afinal, as relações intersubjetivas. As relações intersubjetivas, que são aquelas realizadas por todas as pessoas em sua convivência, sedimentam-se e revivem na memória e são essenciais à orientação de cada um frente aos demais, ao Estado e às suas regras.

Explicar, portanto, o funcionamento da justiça é uma tarefa que pressupõe uma relação prévia de convivência, com o reconhecimento do outro, mediante um processo de comunicação que se desenvolve do presente ao futuro, e com a formação de uma consciência histórica que possibilita fazer distinções sobre as diversas formas e modalidades de conduta. O ser humano é formado e se constrói na história. Por isso mesmo, grava todos os acontecimentos como produtos de sua manifestação no mundo e os atualiza, a cada momento, ao tomar decisões e atitudes que se refletem em sua vida de relação.

A ação humana, como ação social, pode ser analisada de diversos modos, conforme a metodologia que se adote. Ao compreendê-la como ação social, no entanto, pode-se superar sua análise como simples fator causal de efeitos ou mesmo sua projeção em face de um objetivo. Uma visão puramente causal não a distinguiria de atitudes dos demais seres vivos, que também alteram o mundo exterior por meio de diversas intervenções. O mesmo ocorre com a execução da ação no sentido de um objetivo. O animal, quando se dispõe a atacar uma presa, escolhe o momento e o modo de seu agir, avalia as falhas e os supostos êxitos da empreitada, ao mesmo tempo que conduz seus meios para o alcance de seu objetivo. Poder-se-ia pensar que, se não fora um animal, mas um ser humano o protagonista desse fato, haveria uma diferença de postura, porquanto aquele atuaria por instinto, enquanto este, conscientemente. Se, porém, se analisar o fato só objetivamente, as diferenças se diluem.

Não há diferença substancial entre aguardar o momento certo de atacar uma presa, sendo o fator causal um animal que usa suas próprias garras ou um ser humano que se vale de uma espingarda. O que, afinal, distingue uma ação humana de um comportamento animal? Só pode ser o fato de que a ação humana é uma ação social. Uma ação social será aquela que condiciona todo o processo causal de produção de efeitos ou a busca de um objetivo à consideração do outro e, por isso mesmo, procede a uma reflexão crítica sobre sua execução. Os parâmetros de referência, portanto, de um cavalo que se move no espaço, segundo uma lógica linear, e um ser humano, que convive com outros, dizem respeito a que os parâmetros da atuação humana sempre serão dados empíricos e, ao mesmo tempo, normativos, porque se projetam historicamente como fatores integrados na própria consciência a partir da convivência.

A vida moderna, caracterizada por uma intensa intervenção sobre a natureza, pela criação incessante de necessidades, que podem ser reais, construídas ou mesmo imaginárias, pela simplificação de algumas tarefas e, ao mesmo tempo, pela complexidade de outras, pela liquidez das relações pessoais em prol de interesses artificialmente criados e, principalmente, pelo aumento de desejos individuais induzidos pelo mercado e de exigências e demandas em torno do poder, está cada vez mais condicionada por normas e regras. O ser humano não se situa mais no mesmo mundo da vida de seus antepassados. A rapidez do tráfego, a marcação dura do tempo, a subordinação dissimulada, mas brutal, de uns a outros, as diferenças que se operam nas relações de produção, a busca não apenas por alimento, mas sim pelo poder e a formação de uma consciência desprovida de sentimentos de solidariedade conduzem a um regramento incomensurável da vida. Um cavalo pode saber como galopar em um gramado plano ou em um caminho tortuoso ou com pedregulhos, mas o ser humano necessita hoje saber o que pode e o que não pode, o que deve ou o que não deve fazer. Como os limites do que se pode ou não pode, do que se deve ou não deve fazer, na maioria das vezes, são fluidos, porque não mais calcados em uma relação natural de convivência, senão em uma relação imposta pelo mais forte e mais poderoso, os fatores de orientação estão agora subordinados a elementos multiplicadores.

Imagine-se que alguém queira dirigir um automóvel. Para fazê-lo terá que aprender, primeiro, como dominar o objeto, tomar conhecimento de todos os recursos expressos em seus botões, pedais ou alavancas; depois, aprender como movê-lo de modo adequado, tratando de harmonizar a pressão sobre os pedais e, ao mesmo tempo, mantê-lo em determinada direção. Se vivêssemos em um mundo totalmente deserto, esses primeiros passos poderiam ser os mais essenciais ou os únicos importantes, ou até mesmo satisfatórios ao objetivo de direção. Nosso mundo da vida, porém, é um mundo povoado, onde os pedestres circulam em certos caminhos e os automóveis em outros. Portanto, o condutor terá de aprender também essas particularidades dos caminhos. Ademais, há outros automóveis nas pistas que se movem em diferentes velocidades, alguns na mesma direção, outros em direção oposta. O condutor deve aprender a controlar a velocidade, a desviar de todos eles, ou a seguir em comboio, ou, quando quiser ultrapassá-los, a indicar essa intenção, mantendo-se a uma certa linha para não produzir um acidente. Como essa atividade circulatória é cada vez mais complexa pelo número de veículos e por sua potência, o Estado lhe impõe regras rígidas, que visam a controlar os condutores, primeiramente, testando suas capacidades, depois, indicando-lhes, por meio de diversos sinais, semáforos e flechas, a forma adequada de dirigir e em determinada velocidade. Os parâmetros de referência, nesse caso, são dados empíricos (o veículo, suas condições, os demais veículos e as pistas) e também normativos (as regras de trânsito). A conduta de dirigir, como conduta social, não se resume, assim, ao processo causal de condução, nem ao objetivo do condutor, de ir de um local a outro, mas incorpora dados que necessitam de uma compreensão maior, de uma interpretação.

A mesma metodologia usada em face dos dados para a direção de veículos também se estende a outros setores da vida, ou seja, a outros micromundos da vida. Quem quiser remeter dinheiro ao exterior deve dispor do respectivo numerário (objeto empírico) e deve seguir as regras (objeto normativo) impostas pelo Estado para essa remessa. Quem quiser exercer uma função pública deve possuir a capacidade (objeto empírico) e também ser aprovado em um concurso público no qual essa capacidade é avaliada (objeto normativo), depois, tomar posse no cargo e, finalmente, desempenhar suas funções (outras regras complementares).

Portanto, todas as ações humanas são ações sociais, realizadas no mundo da vida e submetidas às condições empíricas e normativas de referência, que servem de orientação para os respectivos autores. A compreensão de como funciona a justiça depende da análise desses parâmetros. Da mesma forma, o funcionamento da justiça não pode prescindir dos dados empíricos e normativos que envolvem os fatos submetidos a julgamento. Em se tratando de uma ação vinculada a uma norma criminalizadora, ou seja, a uma norma que define o que seja crime, é indispensável verificar os elementos empíricos e normativos que o caracterizam como tal. A justiça não pode tratar como criminosa uma ação que não preencha esses elementos empíricos e normativos que a definem como criminosa.

A FORMAÇÃO DA CONSCIÊNCIA DOS ATOS

Ao tratar da consciência dos atos em face da produção de efeitos no mundo ou mesmo nas relações pessoais, que envolvem interesses, sentimentos e emoções, a filosofia tem tentado compreender, primeiramente, como se forma a identidade e, depois, como a pessoa, na acepção de entidade, se desempenha diante dos demais. Essa preocupação de examinar a formação de consciência a partir da noção de pessoa e sua identificação tem percorrido longo caminho, desde Aristóteles[2], que a via como um ser dotado de racionalidade, até nossos dias, ao situá-la preferencialmente em determinado contexto. O filósofo Michael Quante[3], em sua investigação sobre o conceito de pessoa e a fim de evitar equívocos e esclarecer sobre a multiplicidade de seus enunciados, propõe dilucidar três questões que entende constituírem o cerne da discussão: a) com base em que qualidades e capacidades, uma entidade pode pertencer à categoria ou à espécie de pessoa? b) sob quais condições uma entidade pode ser tratada como pessoa, em termos gerais e em determinado momento, e de uma pessoa específica, ainda que em momentos diversos? c) como se estrutura a identidade de uma pessoa no sentido de uma autorrelação valorativa e normativa?

Essas são questões prévias que devem ser elucidadas para se poder compreender como se estrutura a formação da subjetividade, ou seja, da consciência e da vontade. Pensa-se, assim, que as qualidades ou a capacidade de uma entidade como pessoa não deve corresponder a uma simples observação empírica, mas sim valorativa. Ao observar-se, valorativamente, uma entidade, como pessoa, pode-se, então, afirmar sua personalidade, que, diversamente do que se postulava no clássico positivismo criminológico, deve compreender sua inteligência, sua própria constituição que lhe possibilita conhecer a realidade empírica, sua inserção no mundo da vida como integrante de uma comunidade e, principalmente, sua autonomia para tomar decisões. À medida que uma entidade se insere no mundo da vida, como pessoa, sua identificação não pode estar calcada, exclusiva ou alternativamente, no momento de sua atual presença ou em seus antecedentes. Caso se extraísse a identificação de uma pessoa apenas por sua presença momentânea, no ato de reconhecimento poder-se-ia passar por dificuldades, por exemplo, quando se se deparasse com alguém que, sendo portador de grave distúrbio mental, não pudesse se expressar com autonomia. Por outro lado, se se fosse valorar sua personalidade e, pois, proceder à sua identificação, tão só pelos antecedentes, seguramente estar-se-ia desprezando sua constante evolução no mundo, que pode discrepar do que fora observado em momentos anteriores.

A identificação, por conseguinte, não é um conceito que se extrai do presente, nem do passado. A identificação depende de como a pessoa se desenvolve na história, como enfrenta os desafios do contexto e, apesar disso, como pode ser tratada como sendo a mesma pessoa, ainda que em momentos diversos de sua vida. Situar alguém na história não implica examinar seu currículo ou seus atos diante de certas exigências sociais ou de uma norma editada pelo Estado; mais do que isso, a análise histórica deve englobar os momentos e acontecimentos, que envolvem sua posição na estrutura social, como pertencente a certa classe, as variações de seu desempenho nas relações de produção e na convivência com os demais, a superação ou sucumbência às intervenções do poder, o lugar de moradia, o enfrentamento de preconceitos e discriminações, as condições favoráveis ou desfavoráveis à sobrevivência.

Sem tomar em conta todas as condições que inserem a pessoa na história, não será possível proceder-se à sua identificação. Uma vez que a pessoa será sempre uma entidade situada na história, sua avaliação normativa só pode ser alcançada quando confrontada com o contexto ou o mundo da vida no qual ela mesma se criou, evoluiu, permaneceu ou dele se desgarrou, criando, assimilando ou rejeitando costumes, valores e objetivos. Não se avalia uma entidade que possa ser chamada de pessoa a partir de sua classificação numérica ou censitária. Uma pessoa não é uma entidade abstrata, racional ou dotada de autonomia por sua própria constituição, nem pode ser objeto de um juízo epistêmico de conhecimento. Sua condição de entidade criada e forjada na história, que a transforma de objeto em sujeito, constitui o elemento essencial de sua identificação, no qual se deve fundar qualquer investigação científica que se destine a reconhecê-la como portadora de direitos. Em sua análise acerca da relação entre sujeito e estrutura social na história, pondera Münken que qualquer discussão acerca das estruturas sociais deve ser confrontada com a questão relativa às relações de poder, até porque todas as estruturas são "também estruturas de poder"[4].

A compreensão do mundo tem sempre uma origem, um fator e muitos elementos. Diversamente dos animais, que têm instintos mais aguçados, o ser humano é detentor de duas qualidades que lhe são inseparáveis: ter consciência de sua própria história, portanto, ser capaz de distinguir e memorizar seus momentos de existência, e deter o poder de avaliar sua própria conduta e a dos demais em termos de compromisso e reconhecimento de certas regras por ele mesmo propostas. Poder-se-ia acrescentar aqui também a linguagem, pela qual a pessoa se faz presente como comparticipe de uma comunidade; contudo, a linguagem, independentemente de sua complexidade, atua também em outros seres vivos. Todos os seres vivos, de uma forma ou de outra, se comunicam. Se a linguagem faz parte de nossa vida comum, insere-se no próprio processo de conhecimento das coisas e possibilita, assim, a reflexão, ao transformar um dado abstrato em um objeto concreto, não é ela capaz, isoladamente, de identificar a pessoa como tal.

Pode-se até pensar que os brasileiros que falam português se diferenciam dos austríacos que falam alemão, que a unidade se faz pelo idioma, como elemento cultural preponderante nas relações, mas desde que os intercâmbios, cada vez mais intensos, procedam a um amplo aprendizado das diferentes línguas, esse elemento puramente linguístico de identificação se vê fluidificado. Isso não implica eliminar a linguagem como elemento integrante da vida; significa apenas que a comunicação por meio de vocábulos ou símbolos, se é essencial ao desenvolvimento de cada um, é também diversificada e em muitos casos contingente. Se a identificação da pessoa é executada mediante sua inserção na história, a formação de sua consciência e da própria linguagem vai além da percepção dos objetos e não se limita à observação da natureza e dos demais, nem à sua denotação. A superação da relação direta entre pensamento e objeto, que decorre da posição da pessoa no seu mundo de relações, precipuamente, de relações que se efetivam na busca de subsistência e que incrementam todas as formas de divisão social do trabalho, de submissão, de ascensão ou de exercício de poder, promove uma alteração no processo de conhecimento.

De um conhecimento perceptivo, que poderia unicamente depender da capacidade individual de cada um diante de outros objetos ou de outras pessoas, chega-se a um conhecimento convergente em torno das condições sociais que forjam a personalidade. Nesse sentido, a consciência individual não é criada simplesmente pelo cérebro, nem pelos instintos ou impulsos. Como diz o filósofo Marcus Gabriel, "eu não sou meu cérebro".[5] Mesmo que se admita a existência de um inconsciente, como propõe a psicanálise, que se vai formando desde os primeiros instantes do nascimento, a vida consciente é, substancialmente, uma vida na história. Na história, desenvolve-se a vida consciente e, também, todo o processo de conotação dos objetos, de interpretação das regras, de reconhecimento do outro, de juízos de valor, afirmativos ou negativos.

Sob esses pressupostos, o exame da formação de intersubjetividade deve ser precedido de uma avaliação do contexto, do mundo da vida, no qual se move cada uma das pessoas. Nisso pode-se ver que Vygotsky já havia salientado que os fenômenos subjetivos não existem por si mesmos e nem afastados da dimensão espaço-temporal e de suas causas.[6] Se o mundo da vida depende, por sua vez, da forma como se estrutura a sociedade, de suas relações econômicas e de poder, de um lado, e de perspectivas de comportamento criadas e desenvolvidas segundo as regras que o disciplinam, de outro, está claro que a formação de consciência deve variar conforme o estágio de desenvolvimento das forças e fatores que, historicamente, o compuseram. Zaffaroni mostra muito bem como, sob essas condições, se estruturaram as relações de poder na Idade Média e nos primórdios da Idade Moderna, de modo a criarem a consciência dominante no sentido de orientar todas as atividades para sua manutenção, e como a formação dessa consciência incorporou a persecução à bruxaria nos próprios tribunais.[7] O ódio às bruxas não é, desse modo, produto de uma ideia puramente religiosa ou teológica, mas sim consequência da formação de consciência calcada nas relações de poder. Se a Idade Moderna se caracteriza pela eliminação das amarras econômicas medievais, pela libertação espacial do servo, pelo aumento das cidades e da produção de bens, também se afirma pela destruição dos fundamentos das relações de solidariedade entre as pessoas, que deixam de ser tratadas como indivíduos para se tornarem, sob os efeitos de um contrato de trabalho, objetos e instrumentos produtivos.

Um processo produtivo, que depende, essencialmente, da força de trabalho assalariado, interfere diretamente nas relações pessoais e, substancialmente, na formação de uma ideologia, que expressa uma determinada consciência social hegemônica.

Ainda que essa consciência hegemônica, gerada por esse processo, não seja capaz de evitar contestações e oposições, as quais corporificam todos os movimentos sociais de libertação, sua imposição, dissimulada por inúmeros recursos justificadores, como a suposta liberdade de contratar e a linguagem regrada que a exprime, não pode prescindir de uma força determinante.

A criação da polícia, portanto, não é obra de um altruísta projeto de pacificação: é exatamente consequência da necessidade do sistema de impedir que, através de reivindicações jurídicas, se desvendem os objetivos reais do poder. Vê-se, assim, que a formação de consciência de uma pessoa, nascida e criada nos meandros dessas relações, é mais do que um ato de comunicação que se inaugura nos primeiros movimentos de busca do seio materno. À medida que se desenvolve e que se deixa influenciar pelas condições sociais delimitadas pelo sistema, essa consciência estará impregnada, positiva ou negativamente, por toda a ideologia dominante. Em face disso, pode-se dizer que a busca pela liberdade, se é, literalmente, um procedimento espacial, é, substancialmente, um esforço de superação subjetiva. É preciso enfatizar, ademais, que a assimilação de ideologia não é produto de um ato individual de vontade, nem resultado de um movimento espontâneo de adesão. O sujeito não adere ao sistema hegemônico porque, por sua capacidade cognitiva individual, nele acredita e, assim, comparte de seus objetivos materiais e culturais. Não se trata, aqui, de um processo epistêmico quantitativo ou qualitativo, pelo qual a pessoa toma conhecimento do mundo, exercitando sua capacidade na percepção e avaliação dos objetos externos. O compartilhamento das ideias dominantes só se torna exequível porque decorrente das vinculações da pessoa ao mundo de relações materiais que fundamentam toda a estrutura econômica e de poder do sistema. Não há, assim, uma consciência que se cria por ela mesma. A consciência será sempre efeito de uma produção social em sua manifestação histórica.

Todos esses elementos de formação de consciência estão presentes também na pós-modernidade. Na América Latina e no Brasil, algumas particularidades do processo de desenvolvimento das forças econômicas e políticas fornecem um panorama um pouco diferenciado. Ainda que não discrepem das clássicas relações de poder, as estruturas atuais formadoras de consciência, ou de intersubjetividade, devem ser aqui compreendidas com maior ênfase a partir de seu passado, que, diferentemente da Europa, está assentado em um dado histórico da maior relevância: o longo tempo de uma sociedade escravista. Não será possível compreender nossa formação de consciência vigente sem levar em conta esse longo período de mais de 350 anos de atividade escravista.[8] O período escravista poderá indicar, pelo menos, duas coisas: a sedimentação de um aparato repressor que se estende desde a figura do capitão do mato até as forças policiais atuais e o desprezo da elite dominante por aqueles que não puderam galgar uma posição social mais proeminente.

Essas duas situações, da repressão continuada sobre os pobres e marginalizados e do desprezo da elite por seus movimentos de ascensão social, possibilitam compreender que nosso sistema capitalista não está baseado exclusivamente no livre desenvolvimento do mercado, senão no mercado feito pelo Estado e que, ao mesmo tempo, a polícia não é uma entidade orientada para o controle de atos antissociais, senão um instrumento brutal de contenção de liberdade e solidificação da exclusão, até mesmo por meio do extermínio. Não é à toa que, em nossas grandes cidades, se confundam polícia e milícia e, no campo, a repressão se faça por jagunços armados.

O domínio do Estado pelas forças do mercado, pelos grandes consórcios financeiros e industriais (mais financeiros do que industriais), forja uma intersubjetividade completamente desorientada em face de valores humanos. A destruição de uma formação humanista e o fortalecimento cada vez maior do protagonismo policial, aliados a todos os elementos discriminatórios, induzem uma intersubjetividade agressiva e, também, de desprezo pelos semelhantes. Esse contexto contrasta diretamente com a proposta de uma sociedade reflexiva de Beck, da qual, diante das incertezas quanto ao futuro, resultaria uma subjetividade autoconsciente, capaz de modificar a realidade.[9] A imposição da política estatal pelos consórcios internacionais molda uma ideologia excludente, que exacerba o individualismo, não no sentido da superação da degradação ou da própria exclusão social, mas sim de sua manutenção. Até porque esse indivíduo autoconsciente nada mais é do que uma entidade ideal,[10] divorciada de uma realidade brutal, que jamais foi levada em conta pelos pensadores dos países centrais. Deve-se pensar, ademais, que toda a questão de proteção de uma vida planetária presente e futura não pode ser racionalizada em termos reflexivos, sem a superação das condições de miserabilidade a que estão sujeitas as grandes parcelas dos seres humanos, que se encontram à margem de qualquer progresso e, consequentemente, sem as possibilidades reais de exercerem influência sobre a ideologia dominante.[11]

Independentemente, ademais, dessa assimilação da ideologia dominante por parte das pessoas inseridas no contexto do capitalismo atual, sob o fluxo da tradição histórica de autoritarismo em nossa região, a formação da consciência não pode deixar de se subordinar também a todos os componentes simbólicos que se agregam e sustentam essa ideologia. À medida que o mercado se expressa no Estado e faz valer seus interesses de domínio sobre as classes subalternas, pode-se compreender como esse domínio se edifica juridicamente.

Não existe, na verdade, primeiramente, uma dominação fática e, depois, uma estrutura jurídica que lhe corresponde. Se a dominação fática está assentada na divisão das relações de produção, igualmente se manifesta e se constitui por uma norma jurídica. A promulgação de normas de conduta, destinadas, teoricamente, a todos os participantes do mundo da vida, mas, praticamente, apenas executadas sobre os mais vulneráveis, ao mesmo tempo em que expressa a relação de poder, nutre também os elementos simbólicos de dominação e, simultaneamente, induz sua aceitação geral sob o pretexto manifesto de satisfazer aos interesses essenciais à convivência. Como as normas jurídicas nem sempre podem ser captadas cognitivamente por todos, porque escritas em linguagem hermética, a formação de consciência está também condicionada aos comandos emitidos por um aparato burocrático que lhe fornece a roupagem necessária à crença na neutralidade do próprio Estado e sua linguagem. Em conclusão, a consciência dos atos próprios e alheios é construída mediante um processo que se desenvolve no mundo da vida, conforme os elementos da estrutura econômica e social que lhe correspondem em cada época histórica, e conforme as regras jurídicas que buscam internalizar em cada pessoa um comportamento de aceitação do estado de coisas.

A SUBSTÂNCIA DA CONDUTA SOCIAL

Geralmente, a tendência de uma análise epistemológica exclusiva sobre o comportamento humano se fixa em parâmetros que advém do método positivista de observação, conforme se depreende dos movimentos científicos do século XIX, que buscam fundar a ciência em dados objetivos,[12] ou que derivam de uma tentativa de encontrar seu substrato em regras universais inatas à sua condição,[13] ou projetadas a partir de uma compreensão ética de sua inserção no mundo.[14] Em correspondência a essa tendência, as concepções percorrem o caminho da proposição de um conceito causal, de um conceito ontológico ou de um conceito deontológico de conduta. A questão central, no entanto, reside em determinar se o comportamento humano, independentemente dos parâmetros epistemológicos, deve ser compreendido como um ato pessoal ou como uma conduta social.

Em oposição à tese personalista, que ainda persiste, de uma forma ou de outra, nos mais recentes e proeminentes tratados jurídicos,[15] a sociologia política desde o século XIX, a partir do marxismo e do funcionalismo, tem enfatizado não ser possível analisar a conduta humana fora de sua vinculação ao social, do qual se devem extrair seus elementos essenciais. Enquanto o marxismo faz ver que todas as condutas humanas se encontram embutidas no complexo das relações de produção, e o funcionalismo as trabalha sob o signo de uma coesão social no sentido de uma finalidade cultural, a sociologia posterior sempre levou em consideração a diferença essencial entre atos próprios, eminentemente corporais, e atos sociais, os quais não podem prescindir de um processo de reconhecimento do outro como pressuposto de qualquer análise comportamental.

Em face disso, pode-se perguntar: afinal, o que é uma conduta social? Essa pergunta pode ser respondida sob as perspectivas de algumas propostas teóricas: neokantiana, interacionista, funcional, comunicativa ou performativa. Essas propostas não implicam uma efetiva reprodução do real, são reflexões de como ele pode ser compreendido. Pode-se perguntar, desde logo, acerca da ausência entre essas propostas de uma concepção ontológica, que deu lugar à teoria finalista. A explicação é simples: as concepções ontológicas, que nascem sob o enfoque dos elementos do *ser*, não têm por objeto uma conduta social, mas sim uma conduta individual. Para que se afirme, por exemplo, que as condutas sociais podem ser apreciadas conforme suas finalidades, não é necessário invocar-se uma concepção ontológica.

O neokantismo. Sob o pressuposto de que a análise dos objetos deve se submeter a modelos de recorte da realidade (tipos ideais), nos quais se distinguem atos empíricos, de um lado, e atos racionais e finalísticos, de outro, Max Weber acentuava que a conduta humana, como conduta social, é caracterizada por uma relação entre o autor e outrem, conforme um plano estratégico de execução, e valorada segundo as regras dispostas nos planos ético, político, jurídico, estético ou religioso.[16] Segundo essa metodologia neokantiana, a substância da conduta social não é alcançada por meio de uma imediata observação, ou pela experiência, mas sim inferida em um processo de construção da realidade, na qual se destacam, primeiramente, a comunicação com o outro e, depois, os componentes necessários à sua execução, que está orientada por um fim determinado e, ao mesmo tempo, delimitada por regras cogentes e não cogentes.

O interacionismo. Acentuando mais ainda o procedimento de construção social, destaca Mead que a conduta social tem como componente essencial a linguagem, pela qual se exprime o propósito de cada um em face do outro, mas ao mesmo tempo reflete em sua estrutura todo o padrão relacional de comportamento social organizado que a sociedade ou a comunidade exibem. Nesse passo, se a sociedade humana não pode existir sem mentes e egos, os quais pressupõem a existência de indivíduos, estes não os poderiam possuir se não tivessem emergido no processo social, desde seus estágios mais baixos de desenvolvimento, dependentes das diferenciações fisiológicas, até suas formas mais elevadas, nas quais as relações são dominadas pela linguagem. À medida que as formas fisiológicas não mais refletem a organização social complexa, o princípio básico dessa organização social humana é o da comunicação. A ação social é uma ação comunicativa com o outro. Isto requer o aparecimento do outro no Ego, a identificação do outro com o Ego e o alcance da autoconsciência através do outro.[17]

A partir desse arcabouço, Blumer desenvolve o conceito de ação social como interação simbólica: a pessoa atua constantemente em processo de interação com o outro, mas por meio de símbolos ou signos, expressos normalmente por uma linguagem, que é, por seu turno, criada no próprio processo de interação. À medida que a linguagem se torna mais complexa e mais extensa e variada a interação, a conduta social não se limita apenas a incorporar os limites traçados pelo arcabouço normativo dominante. A conduta social vem, portanto, a constituir expressão de um processo comunicativo que se estende em vários segmentos grupais ou comunitários, que irão compor suas linhas de orientação e delimitação.[18] Por força dessa relação simbólica da ação com os elementos que a sociedade ou comunidade exibem, Juarez Cirino dos Santos inclui o interacionismo no âmbito precursor da criminologia da reação social, que, em ulterior desenvolvimento, irá agrupar-se como importante instrumento de crítica ao poder punitivo.[19]

O funcionalismo. Diversamente do interacionismo simbólico, que procede a recortes sociais, conforme suas características comunicativas, o funcionalismo, na visão de Luhmann, toma a sociedade moderna como uma "sociedade mundial".[20] A sociedade, contudo, não deve ser entendida como o conjunto quantitativo de pessoas, mas sim como comunicação. Sociedade é, assim, comunicação que se organiza em um sistema, a partir do momento em que se impõe uma ordem na interação de um indivíduo com outro, portanto, com o objetivo da redução das complexidades (da indeterminação dos acontecimentos) e da superação da dupla contingência (do impossível ao possível concreto). Como comunicação, a sociedade limita a complexidade indeterminada e configura o campo das possibilidades concretas. O conjunto de processos comunicativos constitui o sistema social global, que, por seu turno, dado o número cada vez maior de pessoas que nele se integram e também da multiplicidade de comportamentos possíveis, não será capaz, por si mesmo, de prosseguir em sua tarefa de reduzir as complexidades nem de superar a dupla contingência. Isso só se torna possível mediante a criação de outros subsistemas, gerados pelo próprio sistema social global, nos quais se especificam as partes da complexidade que devem ser por eles tratadas. Com a geração dos subsistemas, não desaparece o sistema social global, o qual passa a ser tomado como seu meio (ambiente), que continua a congregar entidades orgânicas. Igualmente com essa formulação, substitui-se a relação e a distinção entre teoria e objeto pela relação e distinção entre sistema e ambiente.

Ao contrário de Parsons, que, como funcionalista, funda o sistema social a partir de uma ação, que lhe empresta sentido e significado, para Luhmann não existe uma conduta social geral, há apenas uma conduta delimitada em cada subsistema, que irá definir como os comportamentos se agrupam em torno de expectativas. Uma vez que os subsistemas se exercitam por meio de expectativas propostas aos seus membros, em seu processo de comunicação, que não é uma comunicação pessoal, mas sim uma comunicação sistêmica, a conduta só terá relevância como possibilidade de ser imputada a alguém e, por isso, como recurso a reduzir complexidades.

Deve-se observar, porém, que os membros do sistema não serão mais os indivíduos, mas sim subsistemas autorreferentes, que podem ser incluídos, excluídos e constituídos pelo próprio sistema. A fim de reduzir as complexidades, mediante a seleção e delimitação dos dados que lhe são pertinentes, os subsistemas são autodescritivos, autorreferentes e auto-observadores, ou seja, o processo de comunicação se move em torno de si mesmo. Nesse ponto, é um sistema fechado, mas não inteiramente fechado, até porque recolhe do meio os dados e estímulos para sua própria programação. O sistema social, compreendido como comunicação, não é, porém, uma entidade ontológica, na qual a ação social constituiria um elemento já precedentemente dado a partir da constituição de uma ação individual; é uma criação teórica empreendida para poder estabelecer a diferenciação entre os subsistemas em face de sua funcionalidade. É, pois, um programa teórico com a finalidade de explicar a sociedade e seu funcionamento. Será, assim, a funcionalidade que demarcará a necessidade da criação dos subsistemas. Por sua vez, o que assinala sua diferenciação, que demarca seus limites, não é tão somente sua função, mas o sentido que se atribui a cada um dos subsistemas. O sentido pode ser entendido como uma certa estratégia para definir o que pertence e não pertence ao sistema. Essa estratégia, por seu turno, se move mediante um código binário. O sistema jurídico, por exemplo, se orienta pelo sentido de estabelecer o que é lícito ou ilícito; o sistema estético, pelo que é feio ou belo; o sistema econômico, pelo que é lucro ou perda; o sistema ético, pelo que é correto ou incorreto; o sistema psíquico, o que é verdadeiro ou falso. Nesse contexto, cada ação terá como componentes aqueles que são próprios dos subsistemas aos quais estejam vinculadas as respectivas expectativas.

Ainda que a proposta funcional se encaminhe sob a perspectiva de tratar os fatos sociais, nos quais se devem computar os fatos científicos, estéticos, éticos, políticos e jurídicos, sob uma precisa delimitação de sentido, sem que possam sofrer a influência de elementos de fora, que poderiam comprometer sua análise e desempenho, como ocorreria com a interferência de juízos morais, não pode ela superar a crítica que lhe faz Garcia Amado de ser uma proposta que destrói o significado do indivíduo, como pessoa e, por força de sua circularidade (autopoiese) e relatividade quanto à explicação das contingências, não pode superar a própria contingência dessas explicações.[21] Ainda que Luhmann afirme que sua teoria não é uma teoria política, mas sim uma explicação teórica e isenta da sociedade, não deixa ela de ser vulnerável a uma politização, que bem serve às finalidades de uma concepção neoliberal. Ao criticar, por fim, o Estado de Bem-Estar,[22] sob o pretexto do perigo da intromissão política nos demais subsistemas, a ponto de deslocar seus elementos de sentido para finalidades que lhe são alheias, desencadeia uma justificação e manutenção de todos os elementos de desigualdade, preconceitos e exploração, que constituem, de verdade, a estrutura social vigente. Em atenção à suposta delimitação sistêmica entre o político e o jurídico, que já estava delineada em Forsthoff em sua proposta de separação entre Estado de Direito e Estado Social, no sentido de criar um poder neutro, demonstra Bercovici como essa separação constitui um instrumento a impedir a superação das estruturas sociais desiguais e do próprio subdesenvolvimento, por manter todo o processo histórico de dominação.[23]

O agir comunicativo. A conduta social pode ser compreendida, fora da proposição funcional, igualmente como uma conduta comunicativa, um agir comunicativo. O processo de comunicação, porém, para poder constituir uma ação social pressupõe a definição de três elementos, sobre os quais será possível compreender seu desenvolvimento: os conceitos de racionalidade, mundo da vida e sistema.

A consideração acerca da racionalidade é fundamental para separar um simples gesto de uma ação comunicativa. O fato, por exemplo, de uma pessoa abrir um guarda-chuva em meio a um temporal constitui um ato causal ou finalístico, mas não será uma ação comunicativa e nem uma ação social. Nem o será, se este ato for imitado por muitos outros, que abrem também seus guarda-chuvas diante do mesmo fenômeno atmosférico. A ação comunicativa é uma ação racional, primeiro, porque se expressa por meio de uma linguagem, que pode ser escrita ou gestual, mas uma linguagem que possa desenvolver em outra pessoa um processo de entendimento; depois, porque não visa exclusivamente a alcançar determinado fim, senão que seja reconhecida como de validade universal, isto é, a ação comunicativa busca se impor como válida para todos. Ademais, para poder ser reconhecida como válida, isto é, para que possa fundar sua "pretensão de validade", deve possibilitar no interlocutor (em uma ou mais pessoas) o exercício de uma crítica sob três séries de critérios: de veracidade, correção e autenticidade. O critério de veracidade se refere ao mundo empírico objetivo; o de correção, ao mundo social; o de autenticidade, ao mundo subjetivo. Uma vez assegurada a possibilidade de uma crítica à ação comunicativa sob esses três critérios, abre-se a possibilidade de que dois ou mais sujeitos cheguem a um consenso sobre determinada situação.

Apesar de ser possível uma comunicação racional sob esses parâmetros, sua execução deve proceder-se em determinado contexto, no chamado *mundo da vida*, que congrega todos os elementos culturais que envolvem cada sujeito dentro de um espaço histórico. A conceituação do mundo da vida é bastante controvertida. Abstraindo de outros precedentes do neokantismo, que tinham em vista as conexões vitais como condição epistemológica, pode-se dizer que seu conceito filosófico mais corrente parte de Husserl, que o concebe como o mundo físico, como a condição necessária de possibilidade de toda percepção e cognição. O mundo da vida, nessa perspectiva, não é resultado de um constructo, senão aquele que é percebido na vida cotidiana, dado ao mesmo tempo como verdadeiro e válido. Uma vez que seu conhecimento é subjetivo, tem ele uma relação imediata de significado com o sujeito.[24]

Em Habermas, ao revés, o mundo da vida não é simplesmente o mundo físico; engloba ele todos os conhecimentos advindos dos dados culturais, associados à experiência, às estruturas simbólicas, às tradições, aos ritos e demais elementos do contexto; engloba também todas as regras sociais de convivência e, por fim, os próprios elementos psíquicos da pessoa, que a tornam capaz de falar e atuar.[25] À medida que a ação comunicativa se executa no mundo da vida, até porque ela não pode ser executada fora dele, podem ser extraídas algumas conclusões: a) a ação social é uma ação comunicativa; b) a ação comunicativa pressupõe um processo de percepção, reconhecimento e compreensão pelo outro acerca de determinada situação posta como tema da comunicação; c) nesse sentido, a ação comunicativa visa ao consenso; d) a ação comunicativa não pode se desprender de uma pretensão de validade, de sua aceitação universal. Por outro lado, a ação comunicativa, como realizada dentro de um mundo da vida, reforça também os saberes culturais, incrementa a integração e a socialização.

Embora a teoria da ação comunicativa não se inclua no âmbito das teorias sistêmicas, Habermas admite, ao lado do mundo da vida, a existência de um sistema, resultante da complexidade da vida social moderna e de sua capacidade de direção. O sistema surge exatamente diante da incapacidade de uma ação puramente racional enfrentar as demandas relativas ao econômico e ao político. Portanto, em face disso, poderá ele conceituar a sociedade como a "*estabilização de grupos sistematicamente integrados*". No entanto, com a criação e o posterior desenvolvimento de sistemas independentes e autônomos, como os sistemas econômico, político e jurídico, que hoje se acham submetidos a uma intensa burocratização e expansão, opera-se uma *colonização do mundo da vida*,[26] que, ao ser dominado pelas forças do mercado ou pelos interesses políticos que lhe correspondem, se descaracteriza em face da destruição de todos seus ingredientes relativos à transmissão cultural, integração social e educação, que são elementos essenciais a uma convivência humana racionalizada. Nesses termos, uma ação social como ação comunicativa só pode subsistir como ação racional dentro do mundo da vida, tanto na esfera privada quanto na pública, se puder se libertar da dinâmica dos sistemas econômico e político-administrativo, por meio do "*desenvolvimento de instituições de liberdade que a protejam*".[27]

O desenvolvimento dos conceitos de ação social perpassa, assim, por várias etapas, as quais estão assentadas em determinadas metodologias. Essas metodologias dizem respeito a procedimentos epistemológicos, que se estendem desde um enfoque calcado na observação e experiência (método positivista) até procedimentos construtivistas, em que o método cria o objeto por cortes ideais da realidade (neokantismo), ou em que se enfatiza o processo de interação intersubjetiva em face de elementos simbólicos de orientação (interacionismo simbólico), ou em que a compreensão do objeto se funde e se delimita nos sistemas (funcionalismo), ou em que se toma a realidade a partir da constituição do mundo da vida (agir comunicativo).

O processo metodológico funcional e do agir comunicativo podem ser vistos como uma manifestação construtivista da ciência. A construção de uma realidade está subordinada, segundo Janisch, à superação da relação entre teoria e experimento por uma racionalidade linguística, a qual poderá ser obtida por meio da formulação de uma terminologia de validade universal e com a conversão das regras de ação a um método comprovado como adequado às suas finalidades. Relevante não será, assim, a descrição da realidade tal como ela é, mas sim o alcance de resultados positivos resultantes do emprego de uma racionalidade linguística. Nesse ponto, a expressão "realidade" não tem uma correspondência no real, trata-se apenas de um signo tradicional que serve ao objetivo de traçar limites ao processo de conhecimento.[28] De qualquer modo, se todo indivíduo está inserido em um mundo da vida e todas suas ações não podem ser realizadas fora dele, a ação social pode ser analisada segundo essa característica.

A ação performática. A ação social é uma ação performática, na medida em que se expressa no âmbito do processo de comunicação, no qual estão presentes normas culturais, costumes, tradições, conhecimento acumulado pela experiência acerca dos objetos, capacidade individual de reflexão e avaliação acerca da interação, bem como o reconhecimento intersubjetivo. A vinculação da ação social às condições concretas do mundo da vida se contrapõe à concepção de uma sociedade moderna mundial. O mundo da vida, ainda que seja um conceito pelo qual se possa alcançar o conhecimento da ação social, deve ser tratado em face de como os indivíduos se comportam e se vinculam diante de normas, símbolos e regras específicas, que fundam sua inserção na realidade, como nela concretamente se desempenham.

Portanto, em uma sociedade como a brasileira, o conceito de ação social só pode ser construído se forem levados em conta os diversos mundos da vida que se compõem no processo histórico de povoamento e divisão da terra, na diversidade cultural, na tradição escravista, na exploração capitalista, na fusão entre poder e consórcios financeiros e econômicos, na marginalização de grupos desfavorecidos e, inclusive, na assimilação e difusão da violência como forma continuada de solução de conflitos. Com isso, pode-se dizer que a ação social é uma ação performática porque só se realiza nos limites de todos esses elementos concretos.

O conceito de performatividade foi, inicialmente, enunciado no âmbito da teoria dos atos de fala, os quais, segundo Austin, se executavam no mundo externo por meio de ações e não apenas por atos verbais.[29] Modernamente, porém, o conceito não mais se reduz a uma questão semântica, mas se estende em várias dimensões: éticas, estéticas, políticas, jurídicas, econômicas e físicas.[30] O que caracteriza, assim, uma ação performativa não é sua expressão linguística, senão sua execução conforme determinados parâmetros de orientação, que disciplinam a formação de consciência e também os processos causais e finalísticos de alteração da realidade. Ao formular-se o conceito de ação social como ação performática pode-se evitar uma mundialização de todos os elementos e estruturas sociais e culturais, que sedimentam a pessoa na história, conforme sua vinculação a seus grupos de origem, que não podem ser confundidos com aqueles concebidos a partir de um conceito universal etnocêntrico.

POR QUE SE PROÍBE?

Na Vila de Longyearbyen, situada em uma ilha no norte da Noruega, há uma regra: *"aqui é proibido morrer"*. Parece uma anedota, mas a regra existe, está disposta em lei e tem sua justificativa nas condições climáticas peculiares do local, em que o solo se encontra congelado em qualquer das estações do ano.[31] Tais solos têm uma camada superior ativa, sob a qual há uma camada permanentemente congelada. Em virtude disso, os cadáveres não podem ser ali enterrados, porque os corpos ficariam congelados e manteriam também todas suas patologias. Conservariam, assim, todos os vírus e bactérias que os acometeram durante a vida. Caso alguém fique doente nessa vila e esteja em vias de morrer, será deslocado a Oslo ou a outra localidade mais quente. Essa indicação mostra que o procedimento da proibição está submetido a diversas razões, que não são puramente jurídicas no sentido de evitar a prática de crimes.

O filósofo Eberhard propôs no século XIX uma diferenciação entre "vedado" e "proibido". Segundo ele, vedado será um comportamento que até determinado momento era permitido; proibido será o comportamento que nunca foi permitido.[32] Essa proposta de diferenciação sugere a indagação acerca da transitoriedade ou da permanência da proibição. Em qualquer das situações, há a necessidade de se esclarecer como se chegou à conclusão de que algumas ações são sempre proibidas, e outras só o serão em determinado momento histórico. Há, portanto, por trás de cada proibição um motivo que procura sustentá-la. No decorrer da evolução do pensamento, esse motivo, à medida que sofre uma reflexão, se transforma em razão, que nada mais será do que o resultado de um processo de justificação do enunciado proibitivo. A decisão acerca do que proibir não é, pois, consequência de uma reflexão epistemológica; nela não se está pondo em discussão a possibilidade do conhecimento acerca do conteúdo ou dos efeitos da conduta, senão de sua oportunidade ou necessidade. Trata-se de um tema da filosofia prática, ou de razão prática, segundo a terminologia kantiana. A razão prática se dedica, então, a disciplinar as ações humanas, que podem ser tratadas segundo diversos planos: ético, social, psicológico, estético, político ou jurídico.

Conforme esses diversos planos (ou sistemas, segundo outra terminologia), varia também o procedimento da proibição. A proibição de uma ação em um desses planos não significa que se deva estender a todos os demais. Cada plano ou sistema segue suas próprias regras. Seguindo a sinalização sistêmica quanto às expectativas de conduta, pode-se dizer que uma ação poderá ser incorreta no plano ético, mas ser lícita no plano jurídico; pode ser juridicamente ilícita e psicologicamente adequada; pode ser ilícita, mas esteticamente linda. Pense-se em três exemplos: o incesto é eticamente incorreto, mas não é ilícito; ofender a honra de alguém é ilícito, mas pode satisfazer a uma estabilização psicológica do autor; grafitar uma parede é ilícito, mas a pintura pode ser esteticamente brilhante. Nessa relação, a decisão acerca das razões ou do porquê da proibição só pode ser compreendida mediante uma análise do contexto e das diversas regras ou normas que o disciplinam.

Afinal, por que proibir? A resposta a essa questão pode ser equacionada sob as seguintes perspectivas: a) proibir para assegurar as condições de uma conduta virtuosa; b) proibir porque a conduta produz efeitos danosos a outras pessoas; c) proibir porque a conduta é imoral; d) proibir porque a conduta viola os fundamentos do discurso racional.

Ao lado dessas perspectivas que correspondem, respectivamente, à ética aristotélica, ao utilitarismo, à ética deontológica e à ética discursiva, a proibição pode se fundar em outras razões, que se referem a necessidades, exigências ou oportunidades do momento de aplicação das normas. A proibição, pode-se assim dizer, não é ato vinculado necessariamente à estrutura ou aos efeitos da conduta, senão um ato político de poder, que busca justificação em diversos fundamentos éticos ou jurídicos.

A ética de Aristóteles. A ética aristotélica tem em vista orientar o ser humano, para além do conhecimento das coisas, segundo as qualidades de sua conduta para o alcance de um bem. Quando se diz que a conduta está determinada ao alcance de um bem, isso significa que sua execução prática deve ser adequada e vinculada a um fim virtuoso. O bem refere-se, aqui, tanto ao indivíduo quanto ao Estado; uma vez que o Estado tenha em vista o bem e o estenda a todos, isso implicará que todos os cidadãos estarão tratados de modo igual. O princípio da igualdade é, assim, um princípio ético. O bem não constitui, no entanto, um conceito subjetivo; o bem é um conceito intersubjetivo, em torno do qual atuam e interagem todos os seres humanos. Ademais de ser um conceito intersubjetivo, o bem está também situado na moralidade, ou seja, nos costumes e, pois, relacionado à questão de como as pessoas devam se comportar em sua vida prática.

O conceito de bem, como conceito intersubjetivo, pelo qual se indica às pessoas o modo correto de comportamento, deve ser compreendido sob a realização da virtude, isto é, da racionalidade. O ser humano, então, tenta se comportar virtuosamente, ou seja, racionalmente, para alcançar um bem e poder levar uma vida feliz. O bem a ser alcançado é a própria felicidade. Ao contrário de Platão, para Aristóteles, a virtude, que é no fundo a própria expressão da racionalidade, pode resultar de um processo de aprendizagem, isto é, qualquer pessoa pode alcançá-la. O procedimento virtuoso almeja a felicidade. A felicidade é o objetivo de toda ação virtuosa.[33] Sob esse panorama, "bem", "virtude" e "felicidade" são elementos fundantes de uma conduta correta. Uma conduta correta seria, pois, uma conduta virtuosa (racional) orientada para o alcance de um bem, que é a felicidade. Sob essa corrente filosófica, que se estende até nossos dias,[34] pode-se compreender que a proibição tem sua justificativa na preservação das condições de ação que possibilitem o alcance de um estado de felicidade para todos os seres humanos. A proibição não visa, assim, à satisfação de interesses políticos ou econômicos que possam produzir efeitos benéficos apenas a uma pessoa ou a um grupo determinado de pessoas. Pode-se dizer, então, que a proibição está, aqui, assentada em um desvalor do ato, o qual poderá ser ou não valioso.

O utilitarismo. Diversamente do desvalor do ato, a corrente utilitarista se apega ao desvalor do resultado. Como não se trata de análise do ato, não importa que esse seja desde o princípio desvalioso. Relevante será a espécie de resultado que tenha produzido. Portanto, uma conduta pode ser correta em seu começo e de repente, por um descuido, causar um resultado pernicioso. Em um primeiro momento, a corrente utilitarista procura diferenciar entre resultados intencionais e resultados previsíveis, o que dará lugar a uma avaliação subjetiva que, no primeiro caso, é voltada para os resultados projetados e, no último, para resultados concretamente ocorridos. Como a avaliação incide sobre os resultados, essa se orienta pelo princípio do benefício, que pode se relacionar a um estado máximo de felicidade individual ou ao bem comum.

Em oposição à tese de que a avaliação de uma conduta deva ser feita pelo benefício que ela efetivamente causa e não pela intenção do autor, o que pode gerar a máxima de que os "fins justificam os meios", formula Stuart Mill uma concepção de utilitarismo que funda essa avaliação sob quatro perspectivas ou princípios: a) do *consequencialismo*, no sentido de que tanto as ações como os autores devam ser julgados por seus resultados; b) da *utilidade ou benefício*, com que as ações devam ser avaliadas por seus resultados que possam expressar uma vantagem racional em comparação com outras possíveis opções de ação, o que conduz à diferenciação entre resultados previsíveis e imprevisíveis, mas eticamente relevantes; c) da *felicidade ou infelicidade*, pela qual se determina em que medida uma ação aumenta ou diminui o resultado de prazer ou de dor; d) do *bem-estar geral*, que pode ser alcançado pelo maior número de pessoas.[35]

Segundo Stuart Mill, no conflito entre duas formas de felicidade ou bem-estar, se existe um, para o qual todos ou quase todos que o desfrutem façam uma escolha decidida, independentemente de qualquer sentimento de obrigação ética de escolhê-la, este é o maior bem-estar. Assim, se um bem-estar alcança apenas um indivíduo, mas, se atendido, implica descontentamento geral, pode-se considerá-lo como de valor inferior.[36] Essas quatro perspectivas ou princípios não valem isoladamente, senão de forma cumulativa e interdependente. Nas modernas versões do utilitarismo, a questão da necessidade ou oportunidade de proibir se submete a duas posições antagônicas: sob uma avaliação simplesmente quantitativa dos efeitos, ou sob sua avaliação segundo determinadas regras.

Pelo utilitarismo quantitativo (John Smart),[37] a proibição da conduta depende de que seus efeitos possam beneficiar um grupo maior de pessoas em detrimento de apenas uma pessoa. Com isso, não seria proibido, por exemplo, extrair órgãos de uma pessoa sadia, mesmo sem seu consentimento, desde que isso fosse adequado a salvar várias outras pessoas que deles necessitavam para sua sobrevivência.

Por seu turno, pelo utilitarismo de regras (Richard Brandt),[38] a avaliação acerca da proibição da ação não deve ser feita segundo um critério quantitativo dos resultados benéficos, mas sim de acordo a se efetivamente a ação individual como tal poderia ser justificada diante das normas que a disciplinassem em face de qualquer outra pessoa. Assim, se, conforme as regras vigentes, a ação de matar uma pessoa fosse por isso mesmo proibida, sem que a vítima tivesse contribuído, de alguma forma, para esse resultado, essa seria a regra de proibição a ser seguida. Apesar disso, Brandt não esclarece muito bem até que ponto resultados benéficos podem ou não interferir nessa regra. As postulações do utilitarismo, apesar de trabalharem sob a ilusão do benefício maior, se opõem ao princípio geral que orienta a vida social, que é assegurar a todos, fática e juridicamente, o pleno exercício de liberdade da pessoa, a qual não pode ser afetada por critérios quantitativos ou pelas consequências benéficas que uma ação possa produzir. Os motivos da proibição, segundo essa concepção, estariam ancorados no asseguramento dos resultados benéficos. A proibição estaria também subordinada ao princípio da proporcionalidade. Uma ação poderia em tese ser proibida quando sua execução violasse a relação de proporcionalidade entre o benefício pessoal que ela poderia produzir e o dano social por ela ocasionado.

A ética deontológica. Sob um enfoque voltado à formação da vontade e seu desdobramento no mundo, pretende Kant determinar o que deva constituir, afinal, uma conduta eticamente correta. A pretensão deontológica pode ser apreciada sob dois aspectos: um primeiro aspecto relativo à fonte produtora; um segundo aspecto acerca dos princípios de uma razão prática. A fonte produtora de uma conduta correta só pode ser a pessoa humana, tomada, antes de tudo, em função de sua vontade. Um vez que a fonte da determinação do que seja uma conduta correta ou incorreta, em termos deontológicos, seja a vontade humana, esta pode gerar três modos de realização: a) a conduta é realizada com o propósito de alcançar um benefício, sem consideração à sua própria correção ou incorreção; b) a conduta é realizada atendendo às regras de correção, mas com a finalidade de alcançar um benefício; c) a conduta é realizada exclusivamente por conta de sua correção, independentemente de qualquer outro objetivo.

Segundo a ética deontológica, apenas o terceiro modo de realização caracterizaria uma conduta correta, porque a avaliação de uma conduta deve ser feita sobre ela mesma, sem vinculação a qualquer outro fim. A fonte produtora da conduta, que é a vontade humana, depende, por outro lado, de um parâmetro de referência para definir se, afinal, a conduta realizada é ou não correta. Esse parâmetro de referência é inferido de uma *razão prática*; não está subordinado, assim, a qualquer condição epistemológica. Para esse efeito, Kant formula o que denomina de *imperativos categóricos*, os quais cumprem a tarefa de indicar a cada um a maneira correta de se comportar em diversos contextos. Esses imperativos são enunciados em duas fórmulas: a) cada um deve se comportar de acordo com a máxima que possa valer, ao mesmo tempo, como princípio de uma lei universal (*princípio da universalidade*); b) cada um deve se comportar de modo a jamais tomar outra pessoa como objeto para o alcance de qualquer objetivo (*princípio da dignidade*).[39]

Sob a segunda fórmula, conhecida como fórmula do objeto, extrai-se da ética deontológica, como condição essencial a uma atuação correta, o princípio da proteção da dignidade humana, hoje constante como fundamento do Estado Democrático nas constituições modernas, entre as quais a brasileira (art. 1º, III). Adotando-se esses postulados, pode-se dizer que a proibição de uma conduta tem aqui duas séries de motivação. A primeira série indica que devem ser proibidas as condutas que ofendam a dignidade humana. A segunda série possibilita proibir as condutas que não tenham validade universal. Ainda que a ética deontológica possa ser um instrumento prático de orientação de conduta, a contribuir para a discussão acerca da legitimidade ou não de certa proibição, esbarra ela, contudo, em algumas objeções. Em primeiro lugar, tem como fundamento essencial de sua formulação uma posição puramente subjetivista da pessoa, centrada apenas em sua boa vontade, sem qualquer relação com seu contexto; não avalia, portanto, a conduta humana como conduta social, mas sim como produto de uma própria reflexão individual (solecismo). Em segundo lugar, acaba deixando de lado, em benefício de uma razão transcendental, todas as diversidades culturais, as tradições, as formas linguísticas, os sentimentos de solidariedade, as pressões sociais, as dificuldades, os preconceitos, as discriminações, a exploração e a marginalização a que estão sujeitos os indivíduos em sua vida concreta.

A ética discursiva. Depois da chamada "virada linguística", que se inicia, praticamente, com as obras de Wittgenstein,[40] a avaliação da conduta social se viu configurada sob um sistema discursivo, no qual deixou de ser importante uma formulação calcada no próprio objeto, senão em sua conotação. Embora seja problemático compreender, em termos materiais, como uma conduta possa ser avaliada apenas pela linguagem e não por seus efeitos, a teoria do discurso pretende superar essa dificuldade mediante dois programas distintos de proposições: da pragmática transcendental (Apel)[41] e do agir comunicativo (Habermas). Ambos os programas buscam superar as proposições kantianas acerca do imperativo categórico, mas sem se afastarem da necessidade de associar as condutas sociais a regras e normas que as disciplinem, as quais fundamentariam a racionalidade do discurso. A compreensão da conduta social como expressão da linguagem pressupõe que sua avaliação só possa ser feita com base em um processo de interação: o discurso que marca e avalia a conduta social é, assim, a forma de expressão de uma intersubjetividade.

Diversamente de Kant, que assentava a base da avaliação na própria reflexão do sujeito individual, a teoria do discurso, em decorrência da relação intersubjetiva dos sujeitos, tem em vista uma avaliação com base na própria norma que regula a atividade. O núcleo da avaliação não está, assim, centrado na conduta, mas, inicialmente, na norma que a disciplina e em sua relação com os sujeitos e, depois, nas condições dos mesmos sujeitos de serem capazes ou estarem aptos a seguir as diretrizes normativas. Por meio desse procedimento de avaliação, que se afasta dos conteúdos ontológicos da conduta, torna-se possível colocar em questionamento a própria legitimidade da norma que disciplina a conduta social. Uma conduta social não subsiste por si mesma, como um produto típico de uma atividade, só tem relevância quando confrontada com algumas regras discursivas, que podem ser caracterizadas como "regras triviais" e "não triviais". De acordo com as regras triviais, devem ser postas à prova as condições de uma conduta correta: se os participantes da interação têm as mesmas chances de participar no discurso e, também, chances iguais de formular críticas a esse discurso. Por seu turno, a avaliação se complementa com o preenchimento das condições sob as regras não triviais: se os participantes têm chances iguais para exprimir suas atitudes, sentimentos e intenções e, finalmente, quando só possam ser admitidos no discurso aqueles que tenham as mesmas chances como atores para dar ordens e contestar, permitir e proibir. Ao instituir essas regras de avaliação da conduta social, a teoria do discurso pretende alcançar seu objetivo, que é o de estabelecer um princípio universal de validade.

Sob esse programa, pode-se, então, dizer, que a proibição de uma conduta social só pode ser legítima quando essas regras forem observadas. Fora dessas regras, qualquer proibição será ilegítima. Apesar do alto grau de sofisticação que a teoria do discurso encerra, apresenta ela, no entanto, uma pedra de toque, que é a pretensão de fundar uma razão prática universal no sentido de tornar possível o entendimento, por meio de um consenso, e, assim, a convivência. Nesse aspecto, sua formulação não pode superar as dificuldades resultantes das condições reais da existência humana e de suas relações. Não existe uma sociedade perfeita, que possa ser regulada por normas abstratas e universais. A sociedade, em qualquer parte do mundo, é desigual; as relações humanas são conflituosas; as divergências culturais, sedimentadas na história, compõem um quadro heterogêneo, incompatível com uma visão universalista de uma conduta correta. Cada grupo cultural dispõe de regras próprias de avaliação das respectivas condutas, o que implica que as razões de as proibir ou permitir nem sempre são coincidentes com as normas que regem a sociedade europeia.

Composto o panorama acerca das diversas apreensões das razões de proibir, pode-se dizer que, na sociedade humana imperfeita, o processo de proibição não pode ser tomado em sentido universal. Assim, ainda que se apresente como procedimentalmente correto, deve sempre ser posto à prova, no sentido de rever, em todos os momentos, as características da conduta e verificar se, com sua vedação ou interdição, não se está também destruindo ou dessocializando a pessoa humana. A proibição que implique a destruição ou dessocialização da pessoa humana é incompatível com qualquer regra social de convivência.

O QUE PROIBIR

Muitas vezes o objeto da proibição, no caso, a conduta social, se confunde com as próprias razões da proibição. Isso é compreensível porque não existe uniformidade quanto ao conceito de conduta, se é um conceito naturalístico ou um conceito construído. Se é um conceito construído, sua elaboração está necessariamente ligada aos motivos de sua avaliação. Quando se pretende indagar acerca do que se deva proibir, a tendência é a tergiversação, de modo a encobrir as divergências. Ao eleger-se como objeto da proibição uma conduta social, será preciso, então, investigar quais de seus elementos serão tomados como pontos de referência para essa proibição. Não se pode proibir uma conduta por seus atributos acidentais, que digam respeito estritamente a sentimentos, formalidades, estrutura, materialidade ou transparência. Uma conduta não será proibida por ser, na visão do avaliador, simpática ou antipática, agradável ou desagradável, simples ou complexa, visível ou invisível, abstrata ou concreta, instantânea ou permanente, singular ou plural. Esses são atributos que não podem ser erigidos em critérios de avaliação do proibido, porque nada dizem a respeito das qualidades reais da conduta.

Uma avaliação do proibido deve levar em conta, então, os elementos essenciais de uma conduta, que são aqueles que lhe dão significado, que possibilitam identificar seu sentido, em primeiro plano, e que a projetam no mundo, que ensejam a situá-la em face dos demais, em segundo plano. Atendendo a esses dois planos, tem-se que a definição do que se deva proibir constitui um processo que tem por base a identificação do que constitua a conduta, como objeto de proibição. Afinal, diante de seus elementos essenciais, qual será a conduta que se pode proibir?

Nesse processo, pode-se fixar, desde logo, um pressuposto indeclinável: só se pode proibir uma conduta social. Sob o aspecto da conduta social, não são suscetíveis de proibição as condutas autorizadas por qualquer norma social ou jurídica. Para discutir mais sobre esses pontos, deve-se atentar a como é vista a conduta social em termos de seus elementos por aqueles que se dedicam a examiná-la sem qualquer preconceito. Ademais do pressuposto acima acerca da exclusividade da conduta para ser objeto de avaliação proibitiva, pode-se assentar mais o seguinte ponto: como a pessoa não vive isolada no mundo, porque mesmo a figura de Robinson teve necessidade do Sexta-Feira, os elementos essenciais da conduta só podem ser extraídos de sua interação. Sob esse aspecto, procedendo a uma variação na proposta de classificação enunciada por Habermas, pode-se conceber a conduta sob quatro perspectivas: a) instrumental; b) estratégica; c) comunicativa; d) performática.

A conduta instrumental objetiva. Por força do racionalismo, que centrou seus fundamentos na atuação individual, a conduta humana teve por base, desde Aristóteles, a relação entre meio e fim. Isso quer dizer que os elementos decisivos para caracterizar a conduta como objeto da proibição diriam respeito ou à causalidade ou à finalidade. A causalidade esteve sempre presente na filosofia, principalmente por influência do positivismo do século XIX, até tempos atuais.

Danto, um dos mais respeitáveis representantes da filosofia analítica, constrói o conceito da chamada "ação básica" sobre o movimento corpóreo do agente. O movimento corpóreo, que é a expressão dos fatores que produzem uma alteração da realidade, inclui, por isso mesmo, o próprio resultado e, como é apreensível objetivamente, prescinde de qualquer referência à vontade.[42] Muito antes da filosofia analítica, a teoria causal-naturalista da ação já elevava como seu elemento essencial o movimento corpóreo do agente e, por se tratar de uma relação causal, incluía nele mesmo o resultado e tomava a vontade como um simples impulso inicial, que no fundo era seu pressuposto e não seu elemento.[43] A inserção da causalidade na ação serve também para fundar os postulados utilitaristas, que avaliam a necessidade ou não da proibição, segundo os efeitos produzidos. Se a responsabilidade pelo resultado pode ser posta em discussão, até em face das diversas teorias dedicadas a explicar a relação causal e da incerteza ou fluidez dos motivos de avaliação dos efeitos, pode-se dizer que a demonstração dessa relação - entre ação e resultado – constitui, ineludivelmente, uma exigência de garantia de que a proibição deve ter por base um elemento empiricamente apreensível e não, portanto, um simples pensamento, uma convicção ou a própria personalidade.

A conduta instrumental subjetiva. Seguindo a perspectiva subjetivista da concepção aristotélica, o filósofo Goldman entende que a ação não pode ser conceituada como expressão de um procedimento causal de efeitos. Ao contrário, seus efeitos só têm significado em função da intenção do agente, ou seja, porque constituem seu objetivo.[44] A concepção subjetivista calcada na intenção também tem sido objeto da filosofia muito tempo antes dessas modernas exposições. Sem retroceder à Idade Média, pode-se ver em Kant que a conduta é avaliada tanto porque cumpre um dever universal quanto porque busca alcançar um objetivo.

Na filosofia hegeliana, em que a vontade constitui a espinha dorsal da conduta, todo o processo de imputação – portanto, sua avaliação em face do sujeito – está também alicerçado na intenção.[45] Sob o marxismo, a conduta produtiva é uma conduta orientada a um objetivo.[46] Ainda que sob outra metodologia, Brentano, ao purificar o processo da experiência, igualmente antepunha uma intenção à causalidade. Da mesma forma e para efeitos do direito, Welzel já conceituava a ação como o "exercício da atividade final", em que seu elemento essencial estaria situado na finalidade e não na causalidade.[47]

A grande questão da subjetivação dos elementos da ação reside, porém, em se determinar se a finalidade é produto de uma construção ou integra a ação como seu elemento natural, ou seja, se a finalidade é ôntica ou apenas a forma de sua explicação. Essa é uma dúvida que persiste no pensamento ocidental desde Aristóteles. Se a finalidade é um elemento da ação, será preciso identificar seu objeto. Se é um elemento construído, pode dar lugar a mais um juízo de valor do que a uma mera constatação. Essa ambivalência acerca da natureza da finalidade irá sempre ocupar o pensamento filosófico, que tende a também incorporar sua fluidez. Ao diferenciar, de modo radical, entre objetos reais e objetos construídos, parece que Brentano, que havia, ele mesmo, inserido a intenção como um componente intrínseco da ação, vem a concluir que, no fundo, é ela um objeto construído, pelo qual se assinala à conduta um significado.[48]

A conduta estratégica. Nesse ponto, pode-se dizer que, ao imprimir-se um sentido à conduta, deve-se levar em conta ou seus elementos empíricos reais, ou seus elementos construídos, os quais, em ambas as hipóteses, serão decisivos em sua avaliação. Observe-se, porém, que a inserção da finalidade, pela qual se empresta um sentido, ou um significado, à ação, de vez que não seja um elemento ôntico, só poderá resultar de um processo de interação. Portanto, uma concepção final de conduta dessa ordem, diversamente, então, de seu substrato ontológico, só poderá ser enunciada como uma conduta social e não, isoladamente, como uma conduta individual. A partir dessa perspectiva, o juízo de proibição – toda proibição se enuncia por um juízo – pode partir de uma conduta estratégica, que é uma expressão da conduta social.

A conduta estratégica não deixa de perseguir uma finalidade, mas essa finalidade só tem relevância porque resultante do processo de interação com o outro ou outros. Uma finalidade, sem tomar em conta a reação do outro, é absolutamente irrelevante. Um comerciante, por exemplo, que pretende vender seus produtos no mercado, tem a finalidade de trocar esses produtos por um objeto de valor equivalente, o dinheiro, o qual lhe possibilita também trocá-lo por outros produtos de seu interesse ou necessidade. Esse procedimento finalístico do comerciante só terá sentido, porém, se seus produtos forem adquiridos pelos consumidores. Para tanto, o processo de compra e venda pressupõe também a participação do outro. Daí que o comerciante deva empregar meios eficientes de convencimento para que os consumidores se interessem por seus produtos. Todo o processo final é um processo de interação. Sob o ângulo de uma ação estratégica, o comerciante não pode, assim, espantar os consumidores e nem apresentar-lhes produtos imprestáveis. A proibição, pois, de uma ação estratégica se orienta sobre o desenvolvimento da conduta, que envolve a compreensão de todos os seus elementos, sem privilegiar qualquer deles. Quando se fala de uma ação estratégica como ação social imbricada na relação intersubjetiva, pode-se compreendê-la também como uma ação subordinada a normas. Claro que uma ação individual, causal ou final, também está submetida a normas, mas são normas práticas que dizem respeito apenas ao próprio procedimento. Quando a ação deixa de ser compreendida, unicamente, na relação entre meio e fim, para constituir uma ação social dependente da interação, não pode ficar alheia às próprias normas de convivência, que já não serão apenas normas práticas do procedimento, senão normas que decorrem de juízos de valor.

A ação comunicativa e performática. Os juízos de valor, por sua vez, são enunciados proposicionais e, então, expressos por meio de uma linguagem. Um juízo de valor que não se pronuncie linguisticamente é inútil, porque incompreensível. A teoria do agir comunicativo leva em conta exatamente esse fato para enunciar sua tese fundamental: uma conduta social será aquela realizada no processo de interação promovido por dois ou mais sujeitos capazes de se expressarem linguisticamente, com vistas ao alcance de um entendimento acerca do plano anunciado, de tal forma que seu projeto possa ser coordenado e aceito por todos; portanto, a ação comunicativa está sempre orientada segundo uma pretensão de validade.

Tomando em consideração seus elementos, pode-se dizer que, essencialmente, o objeto da proibição, da mesma forma do que ocorre com a ação estratégica, deve ser formado por todos seus componentes, mas especialmente pelas condições que possibilitem os agentes a se expressarem com liberdade.

A ação comunicativa é, nesse sentido, um poderoso instrumento de solidificação da democracia, mas de uma democracia em que todos os cidadãos possam ser tratados de forma igual e com as mesmas oportunidades de participação social e política. Claro está que essa espécie de democracia não existe, daí se poder dizer que esse é apenas um projeto ideal de conduta social. Habermas entende que o conceito de agir comunicativo constitui o grau máximo de elaboração de uma concepção de ação.

Contudo, além de esbarrar na realidade, que é muito mais brutal do que aquela sonhada nas novelas, o conceito apresenta uma deficiência quanto à materialização da conduta. Ainda que se possa, com certeza, criticar a ênfase que se dá ao processo causal, que pode, inclusive, vir a justificar uma decisão puramente utilitarista de responsabilidade, deve-se fixar que, em qualquer caso, será impossível emitir um juízo sobre uma conduta social, quando esta não se constitua de uma relação causal em face de resultados desejados ou indesejados. Em face desse ingrediente de causalidade, que deve estar presente como elemento relevante na identificação do objeto de proibição, tem-se que admitir que o agir comunicativo, para se mostrar adequado a esse propósito, deve ser visto especialmente como uma conduta performativa.

A conduta performativa, diversamente da chamada conduta dramatúrgica mencionada por Habermas, deverá ser aquela que, congregando todos os elementos das demais concepções de ação (causalidade, finalidade, interação, desenvolvimento estratégico, regras e normas, capacidade de expressão dos agentes e pretensão de validade), possa situá-los exatamente dentro das delimitações do mundo da vida ao qual estejam vinculados os respectivos sujeitos. Para o efeito de delimitar a proibição, são, assim, elementos essenciais de uma conduta performática: a) um processo de interação comunicativa; b) agentes capazes de se expressarem linguisticamente; c) a realização de uma atividade causal; d) a subordinação da conduta a normas que a disciplinem dentro de um mundo da vida; e) a pretensão de validade. Dadas as delimitações do mundo da vida, poder-se-ia questionar acerca da inserção da pretensão de validade nesses elementos. Ainda que a explicação acerca da pretensão de validade seja controvertida, pode-se admitir que uma conduta performática sempre impulsiona os agentes a tomarem-na como válida. Se os agentes não admitirem que sua conduta se deva impor no mundo da vida, como uma expressão de causalidade, não atuam. Portanto, a produção de efeitos causais é um pressuposto para o agir.

Há também outra questão. A pretensão de validade é uma condição para que a conduta seja avaliada corretamente. Será, assim, correta uma conduta que busque o entendimento em um processo válido de comunicação. Na avaliação desse processo de comunicação, deve-se levar em conta que um entendimento só será possível quando todos os participantes acolherem a conduta como correta, portanto, como válida. A validade da conduta expressa uma finalidade aceitável. No entanto, como essa conduta está subordinada ao mundo da vida, que não é o mundo de uma sociedade mundial, mas o mundo delimitado por normas culturais, a pretensão de validade deverá ser posta em face de cada realidade e não de uma chamada universalidade ética transcendental. Dessa forma, a conduta que se deva proibir segundo as normas de conduta vigentes na Alemanha ou no Brasil não será a mesma daquela praticada em uma comunidade dos Yanomamis, que concebem a floresta como um organismo *"transbordante de vida, a terra como um ser que tem coração e respira, não como um depósito de recursos escassos ocultos nas profundezas de um subsolo tóxico*";[49] nem entre os Amondawas, que não têm noção do tempo;[50] ou dos Pirahãs, que só acreditam naquilo que os sentidos indicarem.[51]

Já informava Lévi-Strauss que os Yanomamis sempre pensam em trabalhar pelo bem de todos, inclusive de seus inimigos, o que corporifica um sentimento sedimentado de solidariedade inexistente no chamado mundo civilizado.[52] Diante dessa diversidade cultural que impregna o mundo da vida, a identificação do objeto de proibição só pode se dar mediante um procedimento, preferencialmente, negativo, e não, positivo. Deve-se, assim, estabelecer, desde logo, o que não se deve proibir, de um modo genérico.

Com base em uma concepção performática de ação, em que será importante a comunicação, não podem ser objetos de proibição: a) o que não pertencer a um processo causal; b) o que estiver fora de um processo válido de comunicação; c) o que não puder ser equacionado em determinado mundo da vida; d) o que disser respeito exclusivamente à pessoa fora da interação; e) o que for socialmente indiferente; f) o que não afetar as demais pessoas; g) o que não for produto de uma decisão. Em termos práticos, não podem ser objetos de proibição os pensamentos, as cogitações, os estados sociais ou de ânimo, a personalidade, os atos instintivos ou inconscientes, os movimentos corpóreos sem afetação dos demais; tampouco podem ser proibidos os sentimentos, as crenças, as convicções, os atos puramente individuais, as formas, modos e atos de sobrevivência, as escolhas de parceiros ou os costumes relacionados à necessidade da existência e que se enraízam na tradição cultural. Em conclusão: a proibição só pode incidir sobre condutas determinadas, aquelas justamente que impedem os demais sujeitos da interação de poderem exercer livremente suas atividades, sem a produção de efeitos danosos aos demais.

COMO SE PROÍBE

Quando se trabalha o que fazer com uma conduta proibida, vem sempre à mente uma célebre classificação entre as condutas que são "más por si mesmas" (*malum in se*) e condutas que só são "más porque são proibidas" (*malum prohibitum*). Com base nessa classificação, haveria fatos, por exemplo, que sempre foram e continuam sendo punidos, e outros que só foram ou são punidos, porque decorrem de uma norma proibitiva.[53] Essa classificação corresponde, de certo modo, à distinção feita por Eberhard entre atos proibidos e atos vedados.[54] Com a proposição de que a conduta proibida é uma conduta social realizada em determinados mundos da vida, está claro que essa classificação é resultado de pura construção mental.

A ideia de crimes por si mesmos parece derivar de uma deturpação maniqueísta da filosofia agostiniana, quando se promove justamente a discussão acerca da origem do mal. Enquanto os maniqueístas postulavam a existência de um mal metafísico, que juntamente com o bem faria parte da própria estrutura do universo, Agostinho, que no princípio postulava essa ideia, vem, depois, a negar claramente a existência desse mal em si mesmo. O mal não poderia ser tido como substância: em vez de se perguntar de onde vem o mal (*unde malum?*), dever-se-ia perguntar de onde vem que se faça o mal (*unde malum faciamus?*).[55] O mal seria para ele, então, produto do próprio ser humano no exercício de seu livre-arbítrio. Como produto do livre-arbítrio, o mal nem poderia derivar de uma norma proibitiva, nem ser consequência de uma sentença condenatória.[56] Quando o mal é produzido pelo próprio indivíduo, não há como atribuir-lhe um defeito inato. E se é ele resultado de uma decisão livre, tampouco se poderá extrair daí o conceito de criminoso nato. Para produzir o mal, seu autor precisa ser livre, e sua conduta uma execução dessa liberdade. Contudo, é interessante observar que a ideia da origem do mal, como inato, apesar de todas as demonstrações em sentido contrário, ainda continua a persistir na sociedade atual, que sempre diante de fatos concretos busca atribuir sua causa a um defeito estrutural da pessoa, principalmente diante de graves resultados lesivos. A classificação do proibido não vale apenas para caracterizar fatos, mas sim também as próprias pessoas.

A questão fundamental que está vinculada a essa classificação do proibido e que diz respeito às formas de sua contenção se desenvolve, por certo, em torno de como se processam os conceitos de mal e de punição. Será o mal sempre seguido de uma punição? Ou poderá ele ser também superado por outros meios? O filósofo Noller, em contraposição às concepções acerca do mal inato, demonstra que a análise dos meios de sua contenção não pode deixar de atentar para o fato de que todo esse procedimento está concentrado não apenas nas condições das pessoas e de seu contexto, senão no modo como se expressa a proibição. Se o mal não existe por si mesmo, e, então, é insuscetível de ser identificado mediante processos normais de constatação, sua existência só poderá florescer na medida em que constar de um enunciado normativo. Será, assim, a norma que engendra a distinção entre bem e mal, entre crime e não crime. Da mesma forma, é a própria normatização da vida social, desenvolvida com a consequente ânsia de punição do proibido, que desqualifica os sujeitos e lhes atribui a própria origem da maldade.

Noller observa, ademais, que, como os próprios atos de fala criam o conceito de mal, também constroem o conceito de seus autores como inimigos e estruturam a própria violência, tanto individual quanto institucional.[57] Além disso, ao criarem o conceito de mal e, assim, da conduta proibida, os emissores das normas de comportamento instituem também suas consequências políticas. Se o mal é construído, embora sob o pretexto, puramente simbólico, de que exista em si mesmo, ou seja, se o conceito do proibido, como conduta social ou mesmo como conduta criminosa, é produto de um enunciado linguístico do poder e, pois, de um ato político, pode-se compreender como se institui sua punição e como esta é também enunciada como necessária. A proposição acerca da necessidade da punição para o autor de uma conduta proibida não é, dessa forma, uma consequência natural de sua realização, nem de seus efeitos, é, sim, expressão de um ato político. Tanto a criação do mal (do crime), quanto a expressão de necessidade de sua punição são atos políticos. Quem determina o que é mal e quem lhe comina as penas é o poder. Sob essa perspectiva, a contestação ao mal inato não se assenta em um dado puramente romântico ou mesmo ideal, derivado da concepção de Rousseau de que o ser humano nasce bom e, depois, é corrompido pela sociedade.[58] O que se está dizendo é que não se pode idealizar nem o mal nem o bem. A própria noção de mal ou de bem depende de uma definição e essa definição é ministrada pelo poder, que traça os contornos do ato proibido e o associa a uma punição. Como consequência, não existe ato proibido natural que implique uma punição necessária.

Na defesa da necessidade de punição, como consequência da prática de uma ação proibida, costuma-se invocar a sequência dialética de Hegel no sentido de que a pena teria o efeito de negar o crime e, assim, reafirmar o direito.[59] Com isso, pretende-se reafirmar o brocardo, sempre citado, de que *nullum crimen sine poena*, ou seja, sempre que houver um crime deverá corresponder-lhe uma pena. É a chamada busca da punição, ou a *busca das penas perdidas.*[60] Para se compreender melhor, porém, essa proposição, é preciso fazer uma incursão no conceito de mal, que ele mesmo apresenta. Para a concepção hegeliana, diversamente, portanto, da filosofia escolástica, o mal não provém do exercício do livre-arbítrio; o mal é visto como um conceito lógico, como uma abstração. Sua apreensão, como mal, só subsiste em face de seu conceito negativo, do conceito de bem.[61] Tendo em conta que o ser humano não deve ser visto como entidade natural, mas sim como entidade racional, o mal só pode ser conceituado a partir da relação entre o particular e o geral, em que o individual se contrapõe ao geral: "*Ser mal significa me isolar abstratamente; o isolamento que se afasta do geral*".[62]

O ponto fundamental desse pensamento reside em que a relação dialética entre mal e punição, entre crime e pena, no sentido de que a pena implica sua negação e, pois, a suposta reafirmação do direito (ou do bem), deve ser vista em função da relação entre vontade individual e vontade geral, entre o ato individual e o todo. Quando se pensa apenas no ato individual, como elemento da relação dialética, ou seja, como entidade lógica abstrata, usando os próprios termos de Hegel, sem levar em conta aquele núcleo de sua elaboração, que é a relação entre o ato individual e o todo, em termos de discordância ou concordância, é compreensível que se conclua que a punição é sempre necessária. Há que se ver que a própria concepção de crime (ou do mal), como ação de uma pessoa racional, é construída na forma de uma conduta que tenha a aspiração de universalidade, aquilo que a teoria do agir comunicativo chama de pretensão de validade. O crime, assim, é cometido como se correspondesse a uma lei de caráter universal, ou seja, o autor impõe sua vontade individual à vontade universal, mas com a pretensão de que sua vontade individual constituísse uma vontade universal.[63]

Tem-se, aqui, a questão de se determinar se o ato criminoso (proibido) deve ser visto em face de sua constituição subjetiva, como vontade individual, ou de sua exteriorização, como vontade com pretensão de universalidade. Essa questão é relevante para se decidir sobre se esse ato exige ou não uma determinada resposta que implique sua negação e a consequente restauração do direito. Hegel mesmo, no decorrer de sua obra, alterou seu pensamento: inicialmente, tendo em conta a estrutura subjetiva, optou por uma forma de reconciliação sem imposição de pena, mas sim como ato de amor;[64] depois, comprometido com a noção de Estado e sua manutenção, procedeu a uma diferenciação entre a vontade exteriorizada contra uma norma, mas sem a pretensão de validade, que fundaria um ilícito, e uma vontade com pretensão de validade, que, assim, usurparia a vontade geral e daria lugar ao ilícito penal. Se para o ilícito civil continuaria a viger uma resposta conciliatória, sem pena,[65] para o ilícito penal se mostrava, então, necessária a aplicação de uma pena, a qual revitalizaria o direito (norma universal) violado. No entanto, mesmo ao se admitir a necessidade de uma pena para o ilícito penal, é de se salientar que Hegel não a concebe como inflição de um dano, senão exclusivamente como uma forma lógica: "*Nesta discussão, o único que importa é que o delito deve ser eliminado não como a produção de um dano, mas sim como lesão do direito enquanto direito*".[66] Portanto, a pena, como reconciliação lógica do direito violado, não implica necessariamente uma privação de liberdade.[67]

A discussão em torno do conceito de punição em Hegel, que sempre foi usado para justificar uma teoria absoluta da pena, mas que comporta diversas interpretações, inclusive no sentido da eliminação da privação de liberdade, sugere mais ainda, ao determinar sobre como conter o ato proibido. À medida que as reflexões se deixem influenciar por critérios metafísicos ou utilitaristas, situam elas a proibição, respectivamente, como violação de um dever transcendental ou por seus efeitos danosos; isso conduz a que o ato proibido tenha que ser contido por ele mesmo, por infringir um dever, ou que, ao gerar um dano, tenha que ser compensado com a imposição de outro dano ao seu produtor.

Essas duas formas de enfrentar o fato proibido são assimiladas, sistematicamente, pelo senso comum, que expressa a ideologia dominante, e também pelas teorias jurídicas. Estas, embora busquem fundamentos dogmáticos racionais, se movem por critérios práticos que, no fundo, se destinam a justificar o ato político da punição, como se correspondesse a uma consequência natural diante da prática do ato proibido. Essa forma de justificação da punição como consequência natural, apresentada e fundamentada como produto do exercício de um raciocínio racional, é facilmente acolhida tanto pelo poder quanto pelos cidadãos, que são confortados em seus interesses e sentimentos. Nesse caso, ao fundirem-se interesses e sentimentos em uma mesma base, diluem-se, por certo, seus fundamentos racionais. Como será possível atender, racionalmente, a interesses políticos e a sentimentos? Essa pergunta apenas demonstra a contingência dos argumentos racionais, que podem servir a diversos propósitos. Diante disso, pode-se falar, assim, que a discussão sobre o ato proibido deve implicar uma reformulação do próprio conceito de racionalidade. Pode-se partir, então, de que uma moderna concepção de racionalidade deve ter por base a capacidade do exercício de uma crítica constante dos argumentos e não, portanto, de sua justificação.[68] Em função dessa crítica, cujos fundamentos são tecidos por Adorno,[69] mais se acentua a proposição de que na relação entre ato proibido e sua contenção não se propõe a busca de uma síntese, que implique a restauração do direito violado com a prática do ato proibido. Uma vez que a racionalidade se expressa continuamente em uma crítica de negatividade do proposto, pode-se colocar em questão todas as teorias que justifiquem a punição, como única consequência possível em reação à prática do ato proibido.

A adoção da punição como ato inexorável, como única resposta à prática do ato proibido, viola o próprio sentido do pensamento dialético. Na observação que se faça sobre "como proibir", tem-se que tomar em conta a tensão que subsiste entre os dois polos da questão: entre a constituição do ato proibido, sua qualidade como ato que comporta proibição, e suas consequências. Uma vez que só se possa proibir o ato que afete o círculo de liberdade de outrem, está claro, então, que esse ato é um ato danoso. A realização do ato proibido produz, em termos causais, um dano a outra pessoa. Por outro lado, à medida que esse ato gera um dano a outrem, como pessoa, não como entidade metafísica, afeta também seu próprio autor, como pessoa, porque, ao exteriorizar-se sobre o círculo de liberdade de outrem e tratá-lo como objeto, nega a condição de pessoa ao próprio autor: o autor se coisifica como instrumento produtor de dano.

Há, então, um processo de tensão entre o autor e sua vítima que afeta a condição de pessoa de ambos. A questão que se coloca é se essa tensão pode ser resolvida por meio de outro processo danoso: se o dano provocado na vítima e, também, no próprio autor, por violação da condição de pessoa, pode ser anulado por meio de outro dano, agora incidente de modo exclusivo sobre o autor. A pergunta, nesse ponto, acerca do que fazer diante do ato proibido não é solucionável de modo tão simplista como se costuma fazer nas teorias jurídicas. Não se pode esquecer que o ato proibido é produto de uma construção; não é, assim, um mal por si mesmo; não comporta, desse modo, uma solução metafísica, nem utilitarista, porque não pode implicar a destruição da própria pessoa em benefício de um critério abstrato de justiça, nem para alcançar fins preventivos. Tanto a solução metafísica quanto a solução utilitarista preventivista não eliminam a qualidade do ato, nem fazem desaparecer o processo de tensão por ele gerado, só distorcem a visão de seu conteúdo.

A solução metafísica, de compensar o dano com outro dano (a privação de liberdade), sem qualquer outra finalidade, eleva este outro dano a uma categoria universal, como se a violação do proibido pudesse expressar uma universalidade, quando, na verdade, a violação do proibido expressa um ato que nega a universalidade. Embora sob outro fundamento, a solução utilitarista tampouco é capaz que eliminar a tensão gerada pelo ato proibido, porque lhe antepõe um recurso completamente alheio aos termos dessa tensão: trata a pessoa do autor também como objeto e justifica o dano que lhe inflige para atender a supostas expectativas de outros, que igualmente são também tratados como objetos.

Voltando ao tema da tensão gerada com o ato proibido, é preciso desde logo asseverar, com Adorno, três importantes ponderações: primeira, o procedimento dialético não pode se esgotar na triplicação de tese, antítese e síntese;[70] segunda, não existe uma negação em si mesma;[71] terceira, vivemos em uma sociedade antagônica.[72] Em atenção a essas ponderações, pode-se dizer que o procedimento dialético é infinito e não persegue o objetivo de sua estagnação.

Pretender que a violação da proibição, como ato de negação do proibido, possa estagnar-se por meio de uma restauração da proibição implica o reconhecimento de um pensamento metafísico, tal qual aquele que pretende manifestar a retribuição como resposta ao crime. Se a negação está nas coisas e não nela mesma, o ato proibido encerra sua própria negação; é um ato que afirma e nega a si mesmo: afirma a vontade singular, como se fora vontade universal, mas ao mesmo tempo nega sua própria universalidade. Finalmente, se a sociedade atual é antagônica, o processo dialético não pode se afastar da própria experiência, que é a experiência do mundo da vida. Os atos concretos da experiência, do mundo da vida, põem sempre em questão tanto a proibição quanto qualquer das soluções que possam ser apresentadas diante do ato proibido. Diante disso, pode-se concluir que a contenção do ato proibido não implica a necessidade da busca de um instrumento externo à relação tensional que se manifesta na sua realização. A pergunta acerca de "como proibir" envolve, portanto, uma constante reavaliação da proibição, o que implica uma análise de como a proibição mantém e fortifica a sociedade antagônica. Não existe, dessa forma, uma resposta absoluta e definitiva à prática do ato proibido, o que contradiz os chamados fundamentos ou motivos racionais que pretendem justificar soluções retributivas ou preventivas, as quais, na verdade, correspondem a uma lógica de poder.

BREVE HISTÓRIA DA PUNIÇÃO

Quando se fala em história de algum instrumento político do Estado costuma-se fazer uma abordagem narrativo-normativa, multidisciplinar ou crítica. Essas mesmas formas de enfrentar o desenvolvimento de um tema político se aplicam também à história da punição.

A narrativa normativa. As teorias jurídicas costumam, em geral, seguir um método narrativo-normativo, segundo o qual são identificadas as espécies de punição correspondentes aos diversos períodos históricos e formas de Estado, desde a antiguidade até os dias atuais. Inicialmente, indicam como se processa a reação dos grupos primitivos aos fatos antissociais, mediante a expulsão da comunidade e a vingança de sangue (ato de guerra).

Mais tarde, com a criação da noção de crime e com a instituição da pena pública, esclarecem sobre a vingança pública, a vingança privada e os procedimentos de compensação, como o preço do homem ou o preço da agressão. No Direito Romano, salientam que os graves delitos de *perduellio* e *parricidium* eram punidos com a pena de morte, a qual era também estendida a outros crimes, como ao furto em flagrante, à falsificação de moeda ou ao adultério; mostravam ainda que, para outras infrações, previam-se penas de mutilação, de trabalhos forçados nas minas, de despojamento de bens e, inclusive, de ostracismo ou desterro. Na Idade Média, esclarecem como eram disseminadas as penas de morte, corporais e infamantes, até chegar na Idade Moderna, com a popularização das penas privativas de liberdade, as quais perduram também nas legislações contemporâneas.

As teorias jurídicas, tendo em vista as características dessas penas, assimilam a ideia de que a história da pena é a história de sua constante atenuação, e, bem assim, pretendem encontrar uma justificativa ou finalidade para as punições, que seriam a retribuição ou a prevenção. A própria Corte Constitucional da Alemanha assimilou essa ideia, ao afirmar que a história da pena reflete a tendência de sua substituição por respostas mais suaves, embora tenha afirmado, contraditoriamente, a constitucionalidade da pena de prisão perpétua.[73] Pode-se ver que a história da punição se confunde, para os juristas, com a própria história da pena, a qual se caracterizava por ser imposta por quem exercia o poder, mais precisamente, por grupos em determinadas sociedades ditas primitivas, ou pelo Estado, nas sociedades organizadas e hierarquizadas.

A visão multidisciplinar. Com a criação e depois evolução da Escola dos Anais (École des Annales), a análise histórica não mais se orientou pela divisão de períodos (antiguidade, idade média, idade moderna, idade contemporânea), nem exclusivamente por compartimentos segmentados de tempo, nem pelas formas de Estado ou regimes jurídicos. Importante não seria, então, vincular os fatos históricos a compartimentos puramente temporais, mas buscar todos os fatores, inclusive, culturais, que os pudessem explicar. A análise histórica é, assim, multidisciplinar, porque envolve a narrativa e mais ainda as contribuições da antropologia, da arquivologia, da sociologia, da economia, da política e do direito.[74]

Ainda que não filiado à Escola dos Anais, também Koselleck não propõe uma repartição de períodos com base em eventos determinados, senão mediante o que denomina de "tempo de maturação", pelo qual se poderá compreender como alguns fatos relevantes e suas consequências sociais e culturais podem vir a caracterizar uma alteração de época.[75] No campo do direito penal, Vormbaum também demonstra que a história da punição não pode ficar reduzida à sua evolução dogmática ou aos seus aspectos externos, mas ser examinada conforme as alterações verificadas nos campos político, econômico, cultural e social.[76] Se a Escola dos Anais promoveu uma relevante alteração de rumos no exame dos fatos históricos, será através da teoria crítica que se poderá obter uma visão mais aproximada de todo o processo de punição e de sua representação ideológica.

A teoria crítica. Pode-se propor uma divisão da teoria crítica em duas fases: a) a fase puramente marxista; b) a fase revisionista da Escola de Frankfurt.

A fase puramente marxista. A grande contribuição do marxismo foi a de demonstrar que os instrumentos jurídicos, como a pena, não nascem como ideias da autoridade ou de pura reflexão; ao contrário, toda a construção do instrumental jurídico nasce justamente no âmbito das relações de produção, as quais, por seu turno, são expressão dos respectivos modos de produção. Os modos de produção e as relações de produção, bem como as relações políticas, sociais, culturais, econômicas e jurídicas que lhes correspondem, configuram a chamada "formação social".[77] A pena deve ser analisada, em sua evolução, sob a égide de uma formação social, e não como simples produto dogmático-jurídico.[78] Cada formação social encerra uma espécie de reação ao cometimento do fato proibido, uma espécie de pena, a qual está vinculada às relações jurídicas que dão forma ao estágio de desenvolvimento das forças produtivas e da relações de produção e, consequentemente, às relações jurídicas que se estabelecem entre a pessoa e o poder.

Todas as sociedades previram penas para o cometimento de crimes, mas somente na sociedade capitalista é que se manifesta uma perfeita compreensão da pena como uma compensação pelo dano provocado com o delito. A exigência generalizada de uma compensação que corresponda à gravidade do dano, resultante de uma quebra contratual, portanto, que lhe seja equivalente, cria as condições para a elevação da pena privativa de liberdade à categoria de pena padrão de todo o ordenamento. Nesse enfoque, pondera Pachukanis que justamente no capitalismo é que "*a ideia de equivalência torna-se completamente clara e se realiza de modo objetivo*", quando "a forma da equivalência se torna regular como critério da paridade de troca".[79] Nesse sentido, diz Marx que "*a forma de equivalente de uma mercadoria é a forma de sua permutabilidade direta com outra mercadoria*".[80] Nessa perspectiva, a pena privativa de liberdade nada mais é do que uma forma de reparação equivalente que se impõe à violação da regra contratual pela qual se define o fato criminoso. Nos termos de Pachukanis, "*o criminoso responde com sua liberdade pelo delito e responde com essa porção de liberdade que é medida de acordo com a gravidade de seus atos*".[81] Há, portanto, uma troca – troca de equivalentes: enquanto a mercadoria posta à venda no mercado é trocada por seu equivalente em certa quantidade de dinheiro, o ato proibido (criminoso) é trocado por seu equivalente em certa quantidade de pena privativa de liberdade.

Na concepção da pena, a teoria marxista se vale, assim, do mesmo método dialético empreendido para a compreensão do modo de produção capitalista, mais precisamente, da produção de mercadoria: como forma natural (a privação de liberdade) e como valor (o tempo de prisão). Consoante essa metodologia, a história da pena está inserida na forma como se processam as relações de produção e como se procede à compensação do fato proibido. Assim, desde a antiguidade, a pena passa por diferentes formas de compensação, desde aquelas verificadas no âmbito tribal e, depois, sob supervisão do Estado, até se esgotar na privação de liberdade, como forma que corresponde à ideologia sedimentada e universalizada da sociedade capitalista.

A fase revisionista. Diversificando os modos de compreensão da punição, a Escola de Frankfurt começa por postular uma distinção entre teoria tradicional e teoria crítica, pela qual se explica que, enquanto na primeira (teoria tradicional) sempre se trabalha sob os preceitos lógicos aristotélicos, da identidade e da não contradição, a segunda (teoria crítica) faz ver que todo o conhecimento da realidade só pode ser obtido quando os dados são enfrentados em sua evolução histórica.[82] Com isso se demonstra que o objeto não pode ser pensado como se fora um ente em si mesmo; se o sujeito é algo mediado pelo objeto, o objeto é também mediado pelo pensar.

Essa evolução histórica irá demonstrar que a sociedade não deve ser vista como um objeto estático, mas sim como uma entidade que se desenvolve continuamente mediante um processo de contradição e no qual a análise do fato não pode jamais prescindir da análise do sujeito. Justamente por isso, ao analisar o processo democrático das sociedades contemporâneas, a teoria crítica assinala para a pena um substrato vinculado à condição deliberativa da pessoa. Nesse sentido, deve-se fazer uma separação entre a punição como consequência da infração normativa, o que conduz a discutir a própria legitimidade da norma, e a imposição da pena, em concreto, como seu elemento expressivo-comunicativo.

Klaus Günther explica como essa separação induz a compreender que a pena poderá importar, por um lado, uma forma de reparação do dano causado pelo crime, portanto, como equivalente contratual, e, por outro, uma forma de restauração da humilhação decorrente do fato, o que caracterizaria seu componente expressivo-comunicativo.[83] Com base nesse enfoque, poder-se-á verificar como a pena passou, em sua evolução, de ser um ato de execução exclusiva da vítima, por ela mesma, ou por sua família, ou por sua tribo, de modo a confundir-se com uma reparação civil, até se expandir e se constituir como instrumento do Estado, ao manifestar seu poder. Ademais dessas considerações, que procuram explicar como a pena se mantém no decorrer dos tempos como um instrumento do Estado, e não apenas como forma de reparação do dano, pode-se ver que, de acordo com a Teoria Crítica, as formas de punição não podem estar alijadas das condições do mundo da vida, que, segundo suas vinculações culturais, solidificam a crença de sua necessidade como meio de purificação. Se o crime implica um dano, tanto material quanto moral, a pena terá, assim, a função de compensar esse dano em seus dois modos de aparecimento. A compensação do dano material, como as lesões pessoais ou patrimoniais, se faz normalmente com os procedimentos de compensação, mas a humilhação, como não é aferível materialmente, é compensada ou com a pena de morte ou com a humilhação do próprio autor.

Na Grécia Antiga, por exemplo, previa-se a pena de morte para o adultério, como forma de reparar a alegada humilhação da vítima, e para crimes políticos, que atentassem contra a República. O caráter infamante da pena esteve presente em toda a evolução da pena, ora como pena principal, ora como complemento de outra pena. Conforme relata Frevert, os condenados deveriam ser submetidos à execração pública, com sua exposição nas praças, por duas horas, aos domingos e feriados, a todos os tipos de sofrimentos físicos e morais.[84] Somavam-se a essa execração os apedrejamentos, que, além de implicarem sofrimento físico, também serviam como forma de humilhação do condenado. A pena de morte, por exemplo, se fazia publicamente e era sempre precedida de atos de humilhação, que eram determinados pela lei vigente, como no Código Penal prussiano de 1851, nos precedentes ingleses até 1868 e na legislação francesa até 1939. As penas infamantes sempre foram comuns no mundo jurídico medieval, submetido de forma explícita às influências religiosas. Seu manifesto declínio só ocorre com a ampliação das penas privativas de liberdade, que passam a corresponder à estrutura capitalista do contrato.

Mesmo, porém, na sociedade capitalista, a pena, como troca equivalente, jamais perdeu seu componente humilhante, e nunca deixou de ser um instrumento de poder, de perseguição dos inimigos ou adversários políticos. Ainda que aparentemente diversos, os objetivos reparadores se fundem no exercício do poder político, que, ao impor a pena, transmite a mensagem de sua capacidade de punir. É importante destacar, ainda, que a prática de ações reiteradas, como ocorre com a busca constante de punição para qualquer ato, com reflexos diretos na aplicação da lei pelos juízes, implica, de certa forma, uma corporificação cultural que faz com que as pessoas individualmente cumpram esse desiderato sem se darem conta de sua explicação e legitimidade.[85]

Por outra parte, o sentimento comum de exercício de poder está também presente nas reformas mais recentes da legislação penal, que, ao trabalharem seu efeito simbólico, são caudatárias de ideias cada vez mais repressivas, expressas no aumento das penas, quanto ao mínimo e ao máximo, a quase todos os delitos. A pena se mostra, desse modo, como uma consequência natural da infração, embora constitua uma pura construção. A história da pena não é, portanto, a história de sua constante atenuação ou abolição, é a própria história do poder.

A CRENÇA NA PENA

Ao demonstrar que a pena, além dos objetivos manifestos da pura repressão e suas consequências materiais de segregação, guarda, em si mesma, um componente latente de humilhação, a Escola Crítica faz ver que esse componente latente gera uma crença em sua necessidade. A crença na pena, por outro lado, fortalece também o poder que, justificando-a com base em sua aceitação, utiliza-a como instrumento para a repressão das classes subalternas e dos inimigos políticos.

Quando se busca compreender a crença na pena, há que se fazer também uma análise dos verdadeiros sentimentos que animam seus protagonistas: o autor, a vítima e o poder. Por que acreditar na pena? No caso do homicídio, a pena traz de volta a pessoa assassinada? Uma pena de até quatro anos de reclusão para alguém que furta uma carteira com dez reais é, realmente, medida de reparação equivalente? Uma pessoa que ofende uma autoridade deixará de fazê-lo no futuro se for condenada a uma pena de prisão? Por que sempre se exige uma punição para alguém que tenha cometido um ato desviante, por exemplo, circular sem roupa pelas ruas? A pena, neste último caso, repara o pudor das pessoas afetadas pela nudez?

Certa vez, em transmissão de importante jogo de futebol correu a notícia de que um torcedor invadira o campo; depois de ser detido pela polícia, é ele retirado do recinto e o jogo recomeça, não sem antes o comentarista pedir que se promulgasse uma lei proibindo o fato com a cominação de uma pena de prisão. Invadir um campo de futebol deve implicar mesmo, como consequência, ser levado à prisão? Por quanto tempo? Seis meses? Um ano?

As perguntas sobre a necessidade da pena e sua crença são infinitas e estão, a todo momento, sendo formuladas nos parlamentos, nos tribunais, em casa, nas universidades, nos encontros de amigos, nos jornais e outros meios de comunicação. Nos diversos e supostos casos aventados de homicídio, furto, desacato, ato obsceno e da impunível (felizmente) importunação de uma partida de futebol agregam-se à punição diferentes sentimentos: da perda de uma pessoa, da perda de um objeto, da irritação da autoridade, da vergonha pública e da perturbação do entretenimento. São sentimentos muito diversos, mas todos reunidos em uma costura comum: a pena. A pena se transforma em um juízo universal, unificador de valor, que pode se estender e satisfazer a todas as formas de sentimento.

A Escola Crítica toma em consideração aquilo que considera elemento latente, mas importante, da pena, claro, além da questão da reparação: seu componente comunicativo-expressivo. Esse componente está presente na pena como forma de expressar o descontentamento pela prática da infração. Contudo, esse componente pode gerar algumas complicações, caso seja mal interpretado. Assim, se a pena, justamente por força desse componente comunicativo-expressivo, tem a finalidade de reparar, simbolicamente, uma humilhação, mostra-se incompatível com uma solução que a reduza simplesmente a uma reparação civil. Quem sofre uma humilhação não quer, geralmente, se contentar com um pagamento. Pode até ser, mas quer algo mais, quer também humilhar o autor. Nesse ponto, surgem três outras questões: A pena é capaz de reparar a humilhação? Qual o fundamento para acreditar que essa reparação seja possível? Afinal, qual seria a consequência normal desse efeito comunicativo-expressivo?

Se a pena implica a humilhação do ofensor, só pode ter por base um processo de reparação de uma humilhação anterior, justamente aquela produzida pelo autor. Sob essa perspectiva, o ato proibido, ou o crime, deve ser concebido, então, como uma forma de humilhação. Na atualidade, mediante uma metodologia que busca racionalizar a definição do ato proibido, afirma-se que o crime constitui uma ofensa a um bem jurídico, cujo conceito, aliás, é bastante flexível, porque, sendo resultado de uma construção jurídica, perpassa por inúmeras considerações, ora centradas no indivíduo, ora na coletividade, ora no Estado. Quando se institui o bem jurídico como objeto de proteção, mascara-se também qualquer outro elemento que possa estar presente no ato proibido. Daí tornar-se mais difícil identificar como a prática do ato proibido gera uma pena, como sua consequência, e qual é, afinal, seu fundamento. Todos sabem que a prática de um crime gera a imposição de uma pena, mas nem todos sabem por que isso é assim.

Parece que o exame das questões propostas (se a pena repara o fato e qual o fundamento de se acreditar nisso) deve passar, necessariamente, pela discussão em torno da relação entre punição e culpa, de um lado, e exercício do poder, de outro. O sentimento de culpa, como informa a filósofa Karen Gloy, costuma estar situado como uma construção civilizatória.[86] Porém, quando se busca a origem do sentimento de culpa, há que se ver que ele nasce, praticamente, no mesmo momento do sentimento de vergonha. Os animais são destituídos desses dois sentimentos: por exemplo, podem copular na presença de vários outros, tantos os mamíferos inferiores, quanto os superiores; podem gritar uns com os outros, sem que isso os afete como membros do grupo; podem enfrentar um membro superior do grupo para assegurar a higidez da prole, sem que se sintam acometidos de ingratidão; podem falhar na procura da caça, sem que precisem justificar essa falha.

Os estudos antropológicos, traçados por Gloy, mostram que o sentimento de vergonha nasce no momento em que se cria, primeiramente, o sentimento de pudor em relação aos órgãos reprodutores, depois, quando se hierarquiza a sociedade em classes determinadas. Pode-se dizer, assim, que o sentimento de pudor só tem sentido quando implique uma relação com alguma regra de proibição. Se nada se proíbe, não há lugar para o sentimento de pudor. Os indígenas da América do Sul ou os nativos da Nova Guiné não se sentem humilhados com a nudez; isso lhes é indiferente. Uma vez assentada uma norma de proibição, a conduta individual só tem relevância em face de outrem. Há, portanto, um substrato intersubjetivo que impregna a própria proibição. A prática de um ato proibido, então, só tem valor quando afete outrem, uma ou mais pessoas. A conduta puramente individual, sem essa afetação exterior, não tem a menor relevância.

O sentimento de vergonha nasce, precisamente, junto com o sentimento de culpa, por efeito da violação da proibição. Esse procedimento vale até nossos dias, porque nos é transmitido como produto de uma longa herança cultural. É comum a mãe reprovar o filho, quando este realize uma atividade que lhe é vedada, mediante a exortação: você não se envergonha de ter feito isso? A exortação da vergonha conduz à internalização também de um sentimento de culpa. Nesse processo de internalização da culpa, há que se ver que, se só há vergonha e culpa em face da prática de um ato proibido, esses dois sentimentos estão subordinados não apenas à proibição, em si mesma, senão a uma instância superior, justamente aquela que dita a proibição. Desde a sociedade primitiva até os dias atuais, as proibições não surgem espontaneamente, são todas impostas por quem detenha a autoridade de institui-las. Daí se poder dizer que os sentimentos de vergonha e de culpa, que acompanham a proibição, são produtos criados com a sociedade hierarquizada. Parece estranho dizer que são produtos e, ao mesmo tempo, criações da sociedade hierarquizada. Contudo, como não são sentimentos naturais, só podem ser sentimentos criados.

Está claro que a sociedade não cria esses sentimentos como se constrói uma casa ou como se prepara um almoço; a criação se processa de modo latente, à medida que a pessoa individual passa a perder sua autonomia e se ponha a subordinar-se a uma entidade que lhe seja superior, que pode ser uma pessoa ou um coletivo. Na chamada família sindiásmica ou aos pares,[87] em que no processo de casamento se torna presente um homem com poder de mando sobre uma mulher, se pode explicar como o sentimento de pudor (e de vergonha) é imposto por aquele à mulher que lhe é subordinada. Da mesma forma, esse mesmo procedimento se desenvolve na sociedade organizada.

Tem-se, então, que os sentimentos de vergonha e de culpa, ademais de andarem sempre juntos, estão ambos vinculados a uma forma de organização social em que alguns exercem domínio sobre outros. Pode-se dizer, então, acolhendo-se a proposição da teoria marxista, que o sentimento de culpa é produto da divisão da sociedade em classes sociais antagônicas. Por outro lado, sedimentado o sentimento de culpa, como componente essencial do processo de obediência à proibição e, consequentemente, de submissão à autoridade, fácil é compreender como ele se estende também ao próprio ato de humilhação. Se o crime é um ato de humilhação contra outrem, que é atingido em sua condição de pessoa, é também um ato de humilhação que deve afetar o próprio autor, mediante a imposição de uma pena. A pena deve ser um ato de humilhação ao autor para que este, admoestado pela autoridade que lhe é superior e à qual deve obediência, também possa, com sua aplicação, se sentir atingido em seu próprio sentimento de culpa. O sentimento de culpa é característica essencial desse processo de humilhação, que se desenvolve juntamente com o domínio da autoridade, daquele que exerce o poder de proibir. A grande indagação que se coloca é se a pena é capaz mesmo de atingir o sentimento de culpa do infrator e se, com isso, pode reparar a humilhação sofrida pela vítima.

Veja-se que toda essa construção da pena como forma de reparação da humilhação está contida unicamente no subjetivo; não existe uma demonstração de que a imposição da pena repare, realmente, a humilhação sofrida pela vítima; essa reparação é meramente simbólica. Contudo, ao mesmo tempo em que se incrementa a ideia dessa reparação simbólica, que tem como pressuposto afetar o sentimento de culpa do infrator, também se robustece a crença na pena. Na relação entre punição e sentimento de culpa radica, justamente, a crença na pena. A crença na pena não está, nesse caso, associada às finalidades de prevenção; trata-se de um nítido processo de reparação subjetiva, que trabalha sentimentos e despreza a realidade.

Fabricius mostra, nesse caso, como essa crença se caracteriza como uma espécie de magia, que é impulsionada pelo próprio ritual, desde o processo até o julgamento que acompanha sua aplicação, o qual fomenta a representação de sua necessidade, não em face de combate à criminalidade, mas sim como um placebo que mistura inúmeros sentimentos e sensações.[88] Ao responder à pergunta se a pena, realmente, repara o fato da humilhação, pode-se dizer que a reparação da humilhação é apenas uma crença. Por outro lado, se a pena se esgotar em um efeito puramente expressivo-comunicativo, não deveria nem ser imposta, porque esse efeito poderia ser obtido simplesmente com a condenação, mas tal não acontece, porque ainda se acredita na pena, mas é uma crença que produz uma consequência real: o fortalecimento de quem detém o poder. A pena é, portanto, um ato político.

COMO SE MEDE A PUNIÇÃO

Ao fazer-se a pergunta se é adequado impor-se uma pena de prisão a alguém que furta uma carteira com apenas dez reais, assoma-se a tarefa de estabelecer critérios que possam servir de parâmetro para medir o *quantum* de punição. Essa pergunta, está claro, gera imediatamente uma outra: será possível medir-se a pena? Se o legislador toma a pena como um instrumento de reparação pelo dano, sofrimento e humilhação causados pelo crime, não pode se afastar de um modelo que lhe possa servir de equivalência, modelo esse que, na sociedade capitalista, se converte, por excelência, na pena privativa de liberdade.

Nos tribunais, a dosimetria dessa pena, que deve atentar para o caso concreto posto em julgamento, constitui uma atividade bastante reconhecida, porque envolve a análise do fato e seu autor, com todos os elementos de motivação de sua conduta. Costuma-se divulgar na doutrina jurídica o aforismo de que a pena não pode exceder os limites da culpabilidade. Então, deve haver uma relação direta entre pena e culpabilidade. Se a pena não pode ultrapassar os limites da culpabilidade, a medição da pena tem como pressuposto a medição da culpabilidade. Sem entrar na discussão sobre os diversos e tormentosos conceitos de culpabilidade, que até hoje não se firmaram como conceitos definitivos, pode-se pôr em dúvida se, efetivamente, é possível uma medição da culpabilidade.

O positivismo tentou superar esse problema mediante uma identificação entre culpabilidade e causalidade, de modo a trazer à discussão a ligação subjetiva entre autor e fato. Mesmo, porém, sob uma perspectiva causal, a ligação subjetiva entre autor e fato não pode ser reduzida a termos quantitativos. Afinal qual é a quantidade de dolo que se deve ter em vista para medir a culpabilidade? Se a proposta causal é problemática no que toca à sua medição, ainda que sediada em formulação empírica, muito mais complexo se torna o problema quando tudo passa a resumir-se a enunciados normativos. Como se pode medir a vinculação normativa entre o agente e os apelos da norma? Façamos, aqui, uma pequena pausa argumentativa.

A ciência sempre buscou conceitos estáveis. O físico Prigogine, um dos mais destacados cientistas agraciados com o Prêmio Nobel, faz lembrar que uma das chamadas conquistas irreversíveis da modernidade foi a suposta existência das leis naturais.[89] Por essas leis, tudo poderia ser avaliado e medido. Contudo, em virtude da própria proposta da existência das leis naturais verificou-se que o exame dos fatos poderia conduzir a equações positivas e negativas, o que criaria um estado de perplexidade diante do passado e do futuro.

Poderia o passado ser revisto e o futuro modificado? Essa é uma questão intrigante da ciência. Por conta disso, procedeu-se a uma suposição da teoria da relatividade, de modo a poder admitir que o passado pudesse ser revivido, porque tudo constitui uma questão de imagem, imagem luminosa. Devido às grandes distâncias, pode-se admitir que a imagem da destituição de Luiz XVI estivesse chegando hoje aos habitantes de outros mundos. Também se Flavio Cruz viajasse na velocidade da luz para os confins da Galáxia e depois de um ano de viagem regressasse à Terra, poder-se-ia imaginar que encontrasse os netos de Jacinto Coutinho já em idade avançada. São conjecturas matemáticas, claro, possíveis, pelo menos teoricamente.

Afora essas conjecturas, a ciência empreendeu enormes esforços para proceder à medição das coisas e começou a chegar a conclusões muito estranhas. Heisenberg obteve o Prêmio Nobel de Física, ao demonstrar que as medições nunca são absolutamente certas, principalmente no microcosmos.[90] Antes dele, já se havia admitido a existência de alguns fenômenos estranhos, que assinalavam certa irreversibilidade. Afinal, os fenômenos são ou não reversíveis?

Apesar de todas essas preocupações e incertezas nas ciências naturais, a ciência jurídica se orientou pelo princípio de que a culpabilidade pode ser medida e, consequentemente, a dosimetria da pena pode corresponder à gravidade do fato. Para tanto, a ciência jurídica se vale de dois juízos: um juízo normativo de valor e um juízo de probabilidade. O juízo normativo de valor é puramente aleatório, porque todo enunciado axiológico não tem base empírica, é resultado de uma crença. Como se pode dizer, por exemplo, que a honra tem menos valor do que a integridade corporal? Pois bem, o legislador, ao cominar as penas, como não tem qualquer base empírica, costuma fixar seus limites temporais, conforme seus próprios sentimentos. Claro, pode-se admitir que a vida humana constitui o valor mais alto de todas as escalas possíveis, mas por que o homicídio simples é punido no Brasil com uma pena de 6 a 20 anos de reclusão (art. 121), e na Alemanha de 5 a 15 anos de prisão (§ 212)? Por que no Brasil é punido o induzimento ou auxílio ao suicídio, com pena de detenção de 6 meses a 2 anos (art. 122), enquanto tal fato é indiferente na Alemanha e na Suécia, mas é punido na Noruega com pena de prisão de 8 a 21 anos (seção 277, 2)? Nota-se, assim, que a avaliação quantitativa da pena de prisão para atentados à vida não segue um padrão universal.

A mesma discrepância de valoração pode ser encontrada em outros delitos. Veja-se, por exemplo, que o crime de corrupção é punido no Brasil com pena de 2 a 12 anos de reclusão (art. 317), enquanto na Alemanha a pena é de 6 meses a 5 anos (§ 332).

Diante de tanta variação, é possível talvez ofertar duas perguntas: a) A vida humana vale menos em alguns e outros países? b) Diante da pena da corrupção, é o brasileiro muito mais suscetível à prática de atos ilegais do que o alemão? Antes de responder, convém apenas manejar um pouco de estatística.

Segundo o censo da criminalidade na Alemanha, divulgado pelo *Statistisches Bundesamt*, constata-se que ali foram cometidos, no ano de 2019, 5.436.401 (cinco milhões, quatrocentos e trinta e seis mil, quatrocentos e um) delitos, que geraram 728.868 (setecentas e vinte e oito mil, oitocentas e sessenta e oito) condenações. Poder-se-ia imediatamente arguir que lá a justiça funciona. Bom, se funciona, o que fizeram com os outros 4.707.533 (quatro milhões, setecentos e sete mil, quinhentos e trinta e três) delitos?

Essa simples amostra indica que a avaliação efetuada sobre a relação entre delito e pena não segue uma base absolutamente certa. As penas cominadas nascem da cabeça do legislador, conforme seus interesses de classe, seus interesses eleitoreiros, sua herança cultural, seus sentimentos de culpa projetados sobre os autores dos supostos delitos, sua necessidade de imagem e seus acordos políticos. Uma vez cominadas as penas, devem elas seguir para o processo de sua individualização, que é efetuada por outra autoridade, o juiz. A individualização da pena é, ademais, uma exigência constitucional (art. 5º, XLVI, CR), e os códigos penais, em geral, traçam regras de sua concretização (art. 59, CP). Apesar dessas regras, será possível dizer que a condenação, por exemplo, a 20 anos de reclusão por homicídio repara a morte da vítima? E se for de 30 anos? E o que fazer com as condenações de mais de 200 anos de reclusão pelo crime de corrupção? Está claro que uma condenação a 200 anos de reclusão é absolutamente irreal, corresponde unicamente à crença na religiosidade da pena. Quer dizer, depois de anos de processo civilizatório, em que os juristas se ocuparam de separar direito e moral, direito e religião, os chamados operadores colocam tudo no mesmo plano, no mesmo saco de couro, usado na execução da pena de morte em Roma.

Há, portanto, um grande problema não resolvido na medida da pena. Afinal, como medimos a pena? Afora a influência direta dos sentimentos, que estão presentes no tratamento do crime e da pena, desde tempos imemoriais, vejamos como a doutrina jurídica costuma empregar duas séries de juízos, de probabilidade e de proporcionalidade. Como não há qualquer conclusão acerca de que a cominação da pena e sua aplicação tenham o condão de prevenir delitos (essa é uma proposição puramente hipotética), está claro que trabalhar com um juízo de probabilidade se mostra absolutamente impróprio em sua medição.

Como pode o juiz, ao aplicar uma pena de dez anos de reclusão ao réu, concluir que isso provavelmente implicará a contenção de delitos na sociedade? Claro está que o juiz não pode dizer que isso ocorrerá com certeza, porque ninguém pode operar com certeza diante de fatos não matemáticos; só poderá proceder com um juízo de probabilidade. Fora das proposições matemáticas, no campo jurídico, em que não se pode trabalhar com experimentos, senão com expectativas, até porque as sentenças condenatórias não são provisórias e nem podem ser modificadas diante de sua inutilidade empírica, a questão da probabilidade se reduz a uma questão epistêmica. Como uma questão epistêmica, o juízo de probabilidade não é um juízo objetivo, senão também uma espécie de crença, que a ciência procurou contornar de diversos modos. Por conta disso, a doutrina jurídica passou a se valer do famoso Teorema de Bayes,[91] pelo qual pretende, por meio de recursos matemáticos, graduar convicções estatísticas.

A fórmula, na verdade, tem como pressuposto que os dados que a compõem são dados incertos, o que a conduz a raciocinar com hipóteses, ou seja, com uma probabilidade *a priori* e não com critérios de frequência. Partindo, assim, de uma hipótese (por exemplo, todas as mulheres que apresentem pólipo uterino têm tendência a desenvolver câncer), a fórmula lhe vai acrescendo dados obtidos *a posteriori* (por exemplo, as tomografias e exames) para chegar à convicção de que a hipótese se converte em um determinado estado de conhecimento (os dados podem indicar a presença de um câncer). Ocorre que a conclusão, ainda que resultando do acréscimo de dados concretos, não confirma a hipótese. Os dados configuram ainda uma suspeita, porque a fórmula se deve orientar não apenas com dados que podem ser verdadeiros, mas também com dados que podem ser falsos. Os adeptos desse teorema costumam trabalhar a fórmula sob dois ângulos: objetivo e subjetivo. O enfoque objetivo, tendo em vista que não dispõe de dados concretos, senão de mera suspeita, trabalha-os como se fossem dados puramente lógicos; o enfoque subjetivo se reduz a uma crença pessoal.

Na medição da pena, em face de suas perspectivas preventivas, a fórmula em nada soluciona a incerteza, pelo menos por dois motivos: primeiro, porque os dados não podem ser testados (o juiz não dispõe de aparelhos sociais de tomografia); segundo, porque as condutas humanas são sempre aleatórias, ninguém é capaz de afirmar com certeza que determinada pessoa atuará de uma certa maneira e não de outra. Diante da falência de um critério probabilístico acerca da concretização de fins preventivos, a medida da pena deve observar, então, um juízo de proporcionalidade. Novamente, estamos diante de outra questão: como medir proporcionalmente a pena diante de um fato que não pode ser reduzido quantitativamente?

Como avaliar, por exemplo, a quantidade de privação de liberdade que possa ser proporcional à ofensa à honra da vítima? Como vamos medir o grau de ofensa da reputação da vítima? Os termos dessa indagação não podem ser solucionados mediante aplicação de critérios quantitativos. Estamos, assim, diante do mesmo problema do critério da probabilidade. Como, então, reduzir a proporcionalidade a valores não quantitativos? O que é um valor não quantitativo? Gessmann informa que o conceito de valor, na verdade, só aparece na filosofia por conta da influência da economia no século XIX, com o significado de uma relação para com determinado bem, decorrente justamente da produção industrial. A inserção da busca de um bem faz com que o conceito de valor oscile entre um significado vinculado a um interesse econômico ou a um fim científico-moral. Mesmo quando tomado no âmbito moral, o conceito de valor jamais se desvinculou de sua origem econômica, em que, a partir das reflexões marxistas, passou a ser visto em face de suas características finalistas, como valor de uso e valor de troca, que fundamentam o modo de produção capitalista.[92]

Em sequência das elaborações da fenomenologia, Max Scheler pretendeu conferir a esse conceito um conteúdo ético material, sentido na qualidade de um objeto ideal e, ao mesmo tempo, hierarquizado, que compreenderia, respectivamente, valores sensíveis, vitais, espirituais e sacros. Max Scheler, contudo, jamais pretendeu subordinar a filosofia ao conceito de valor; este é por ele tomado unicamente como fato, como um dado da experiência, que se orienta pelo significado de verdade; tampouco admitiu que se pudesse medir sentimentos alheios.[93]

Por força das concepções neokantianas, principalmente da Escola de Baden, procurou-se emprestar ao conceito de valor um substrato cultural, pelo qual seriam produzidos os chamados valores da humanidade, que seriam distribuídos e acentuados historicamente nos diversos setores da lógica, da estética e da ética. Por essa concepção, os valores não teriam substância, senão apenas validade: os valores valem.[94] Ainda que Rickert tenha se esforçado para fornecer ao conceito de valor não quantitativo, como valor cultural, um conteúdo científico, não foi capaz de traduzi-lo em termos empíricos, aptos a servirem de critério de medição para o efeito de avaliar a conduta humana. A fórmula de que os "valores valem" é simplesmente vazia, porque no fundo conduz à identificação entre valor e norma, mas no plano teórico e não prático, então, como uma reflexão epistemológica. A pergunta de como avaliar a conduta humana, de modo seguro, continua sem resposta. Claro que essa resposta não pôde ser dada pelo direito, que continua trabalhando, nesse caso, sob suposições. A crença na pena se estende, dessa forma, também à sua dosimetria.

O CONCEITO FORMAL DE CRIME

Não existe um conceito formal de conduta social; seu conceito deriva de uma conjugação de elementos. O crime é uma conduta social, claro; não é apenas uma entidade normativa, porque deve se referir a características empíricas, as quais lhe permitem apresentar-se à sociedade como uma conduta proibida. O direito penal, no entanto, para efeitos de uma metodologia que se vale por si mesma, tem proposto um conceito formal de crime. Crime é, então, definido como "toda ação que a que lei ameaça com uma pena". Nesse conceito estão presentes alguns elementos: uma conduta, uma norma e uma pena. Por meio da relação entre esses três elementos se expressa o poder de punir do Estado.

À primeira vista, parece que um conceito formal de crime tem como propósito legitimar normativamente o poder de punir. Esse conceito, todavia, não informa acerca do conteúdo da conduta criminosa. Diz que a conduta criminosa é aquela à qual o Estado reserva uma pena. Embora o conceito formal de crime possa indicar que se trata de um juízo analítico, ao estilo kantiano, em que o enunciado se bastaria por si só para indicar o que constitui um delito, trata-se, na verdade, de um juízo sintético, porque seus elementos (conduta, norma e pena) não se contêm em si mesmos no próprio enunciado, são elementos externos que são anexados ao conceito. Por que se diz que esse conceito legitima o poder de punir e é, também, produto de uma metodologia tomada em si mesma?

Com o advento do positivismo, o processo do conhecimento, embora tenha por base a experiência, depende, essencialmente, da certeza do método. Será o método, assim, que chancela o conhecimento como uma afirmação verdadeira sobre o objeto. Nesse ponto, o método antecede à própria coisa. A experiência em si mesma, sem o método, nada pode afirmar sobre a coisa, nem positiva nem negativamente. Para o positivismo, como assinala Habermas, a certeza do conhecimento "*se refere, portanto, simultaneamente à certeza empírica da evidência sensível e à certeza ligada ao método proporcionada pelo procedimento obrigatoriamente unitário*".[95] O conhecimento, desse modo, é conhecimento de fatos, que caracterizam a própria essência da realidade.

Os fatos, por seu turno, conforme propõe Mach, devem ser afastados de sua aparência metafísica por meio do reconhecimento de seus elementos, que se mostram dependentes de circunstâncias situadas tanto no exterior do entorno, quanto em seu interior.[96] Com a teoria dos elementos preenche-se o propósito de conceber a realidade como a totalidade dos fatos. Se os fatos só podem ser acessados não propriamente pela experiência, senão pelo método de investigação de seus elementos, pode-se dizer que esse método se basta a si mesmo. A prevalência do método sobre a coisa conduz o conhecimento a enfocar a realidade como algo estático, não suscetível de contradições. Uma vez suposta a precedência do método sobre os fatos, tem-se como consequência que toda a legitimidade de seu enunciado carece de significado, porquanto o que se propõe é a proibição de se "*problematizar a ciência como tal*".[97]

Os elementos, como indicativos dos fatos em todas as suas circunstâncias, serão tomados, desse modo, como evidências de verdade. O conceito formal de crime, nesse passo, que se satisfaz unicamente com a indicação de seus elementos, sem qualquer referência à sua origem ou ao modo de produção, legitima o poder de punir. Ao dizer, primeiramente, que o crime é um fato punível, enseja, desde logo, a legitimidade da pena como sua consequência necessária; depois, ao dispor sobre sua inserção normativa, tampouco faz referência às condições de sua elaboração, quer dizer, confere ao legislador, pelo próprio enunciado, a qualidade de autoridade reconhecida e válida. A validez da norma, nesse caso, se confunde com a validez da autoridade que a enuncia. Assim, não importa que o conceito tenha sido elaborado no contexto de um regime democrático, ou sob uma ditadura, em um estado de liberdade ou de sua absoluta supressão.

A teoria dos elementos irá proporcionar, por sua vez, outro desdobramento, pelo qual se reformula o conceito formal, que passa a ser enunciado conforme suas características normativas, no que se convencionou chamar de "conceito analítico de crime", como ação típica, antijurídica e culpável. Vê-se, assim, que o conceito analítico de crime pode ser compreendido como um conceito formal estendido, no qual o exame de seus elementos sugere um aprofundamento de suas questões. Com o conceito formal estendido pode-se compreender como a dogmática penal reluta em discutir seus fundamentos de legitimidade, ora atendendo a uma base causal objetiva e subjetiva, ora a uma suposta base ontológica vinculada à finalidade, ora a uma pura normatividade, a qual pode se expressar de forma negativa ou positiva.

Os conceitos, puramente formal e sintético, e formal estendido, pertencem à categoria dos elementos epistemológicos. Assim, sua validade e seus efeitos, como elementos capazes de orientar o conhecimento do objeto, devem estar subordinados a algumas condições que se ocupam de expressar uma teoria dos conceitos.

Fodor, que trabalhou exaustivamente esse tema, propõe cinco condições epistemológicas, que, segundo ele, são necessárias para sua compreensão e determinação de limites. As condições são as seguintes: a) os conceitos são expressões mentais que se destinam a caracterizar coisas como causas e efeitos; b) os conceitos são categorias empregadas rotineiramente; c) as representações mentais herdam seu conteúdo do conteúdo de seus elementos; d) os conceitos, em grande número, devem submeter-se a um processo de aprendizagem; e) os conceitos são coisas que podem ser compartilhadas por todas as pessoas.[98]

Por essas condições, pode-se dizer que os conceitos não podem prescindir de enfocar uma relação de causalidade. Quando se diz que o crime é um ato que a lei ameaça com uma pena, está claro que, desde logo, se exige uma relação de causalidade entre esse ato (conduta) e sua consequência (punição) e, ademais, que essa ameaça de pena esteja associada a uma previsão legal; há, portanto, nesse conceito formal, uma relação de subordinação entre antecedente e consequente. Uma vez que a doutrina penal e a legislação se valem de um conceito de relação causal para definir o crime, seu conceito é incorporado na prática como uma categoria comum. Em se tratando de um conceito formal, simples ou complexo (analítico), pode-se observar que seu enunciado é tautológico, porque seu conteúdo não advém da análise de um dado externo, senão de seus próprios elementos. Dizer que o crime é o ato que lei ameaça com uma pena significa que o enunciado se basta por meio de seus próprios elementos: conduta, pena e lei. Claro está que os conceitos não podem se furtar a um processo de aprendizagem, porque ninguém pode compreender o que seja crime pela simples definição; deve aprender o que é uma conduta, o que é uma lei e o que é, afinal, uma pena. Uma vez formulado o conceito de crime como ato que a lei ameaça com uma pena, pode ele ser compartilhado por todas as pessoas, porque esse compartilhamento se apresenta como neutro, ou seja, não interfere no conteúdo do processo de conhecimento. Examinados os conceitos sob essas condições, ou melhor, examinado o conceito de crime sob essas condições, tem-se que ver se, apesar disso, esse conceito é um conceito válido.

Diante da primeira condição, de que os conceitos expressam uma relação causal, pode-se pôr em dúvida sua utilidade, porque a relação causal não corresponde a um dado da natureza, é apenas um dado explicativo de um fenômeno, que requer uma discussão mais ampla de como tratar seus fatores, se mediante um procedimento puramente objetivo ou uma avaliação subjetiva.

Veja-se que até hoje há inúmeras teorias da causalidade, que disputam a preferência da ciência, e cuja escolha resulta de uma opção prática. Ao dizer-se que os conceitos são categorias, isso implica que devam aplicar-se a todos os fatos que, formalmente, correspondam aos seus elementos. A amplitude das categorias, porém, irá suscitar que sua aplicação seja posta sempre à prova de verdadeiro ou falso, de correto ou incorreto, de eficiente ou deficiente. Dessa forma, o conceito sai de uma avaliação epistêmica e passa a fazer parte de um exame semântico, que irá indicar o que significa um conceito verdadeiro ou falso. Além disso, se os conceitos extraem seu conteúdo de seus próprios componentes e, assim, são enunciados tautológicos, sua validade não é simplesmente resultante de um encadeamento de causa e efeito, mas de uma crença de que esses componentes efetivamente são necessários. Dizer-se que o crime é o ato que a lei ameaça com uma pena implicará, por este raciocínio, que todos seus componentes são necessários, quer dizer, acredita-se que o crime sempre existiu e sempre existirá, que a pena é uma necessidade e a lei penal um elemento indispensável para demonstrar essa existência. Se os conceitos devem ser aprendidos, a crença na existência de seus elementos, como a crença na existência do crime e da pena, está na dependência de um sujeito que explique esses componentes. Finalmente, se os conceitos têm a característica de serem apreendidos por todos, seu enunciado não é absolutamente neutro, tem uma finalidade, que é, no fundo, aquela de manter a crença na existência e manutenção de seus elementos.

Se o conceito de crime pode ser aprendido por todos, porque, por seu enunciado, não carece, à primeira vista, de outros esclarecimentos, é formulado com a finalidade de estimular e manter a crença em sua existência e na necessidade de sua punição. A doutrina jurídica procura superar todas essas dificuldades, alargando seus elementos para dizer que crime é ação típica, antijurídica e culpável. Essa ampliação do conceito de crime não soluciona a questão da sua legitimidade, mas precisa de maior esclarecimento, porque pode sugerir a formulação de um conceito material. De qualquer modo, diante de todas essas condições epistemológicas, nenhum dos conceitos de crime (sintético ou analítico) é um conceito neutro; são conceitos que servem à política criminal do Estado e só poderão ser postos à prova mediante uma avaliação crítica da legitimidade de seus elementos.

O CONCEITO MATERIAL DE CRIME

Postas à mostra as artimanhas do conceito formal de crime, cabe a pergunta: existe um conceito material de crime? Esse conceito material de crime pode superar as dificuldades epistemológicas?

O resultado que possa ser obtido pelas respostas a essas perguntas sempre foi, no decorrer dos tempos, produto da busca incessante por determinar o que constitui o ato proibido e legitimar sua proibição. Uma vez assentado o conceito de ato proibido, será possível proceder à sua extensão ao próprio conceito de crime, que no fundo constitui sua especialização mais apurada e mais associada ao exercício direto do poder. O ato proibido pode resultar, por exemplo, de uma cláusula contratual, que, à primeira vista, salvo nos contratos de adesão ou naqueles em que há supremacia de uma das partes, não está associada à manutenção direta de um regime, embora, por sua própria natureza, esteja vinculada ao sistema capitalista. Ninguém duvida de que a suposição jurídica de uma liberdade de vontade, para o efeito da celebração de um contrato, só tem suporte mesmo no sistema capitalista, no qual, ao ignorar-se a efetiva condição de um dos contratantes, incrementa-se a realização de um negócio jurídico que dá o suporte para o processo de troca, troca essa que pode significar a compra e venda de objetos, mas também a própria compra e venda da força de trabalho. No caso do crime, por outro lado, como sua definição é decorrente de uma lei votada pelo Parlamento ou, nos regimes ditatoriais, editada pelo ditador, a relação jurídica que se estabelece entre o autor do fato e o Estado, ainda que guarde um significado contratual, quando se tome a norma como se fora mesmo o enunciado de uma cláusula livremente ajustada (o que não é verdade, claro), é de imposição e consequente submissão ao poder.

Em face disso, a busca por um conceito material de crime não pode deixar de ter como referência o fato de que seu enunciado não corresponde a uma livre decisão de ambas as partes, como se produz na realização de um contrato de compra e venda. No contrato de compra e venda, pode-se ter como seu conteúdo material o próprio objeto e seu valor, e esse objeto é real ou, pelo menos, realizável, como ocorre, por exemplo, nos contratos futuros. No crime, ao contrário, salvo nas hipóteses em que há uma vítima determinada e subsista uma relação de causalidade material entre a ação e o resultado, o objeto da relação jurídica é determinado normativamente.

Veja-se, por exemplo, que nos crimes omissivos nem se pode conseguir uma explicação da relação causal efetiva entre a não realização da conduta devida e o resultado. Igualmente, em muitos outros crimes, chamados crimes vagos, por exemplo, contra a ordem econômica, contra o meio ambiente, contra o mercado de capitais ou contra a administração pública, nem se pode determinar ou identificar a própria lesão de seu objeto; são crimes que estão definidos pelas irregularidades das respectivas condutas proibidas e não, propriamente, pelos resultados concretamente produzidos. Vê-se, assim, que a relação jurídica entre o sujeito e o Estado, quando se trate de crime, é uma relação de poder, em que o Estado traça os lindes das normas criminalizadoras e impõe a todos um certo regime jurídico de limitação de liberdade, mediante a ameaça de uma pena. Dai dizer Luís Greco que a busca por um conceito material de crime reflete, na verdade, a própria identificação dos propósitos do Estado de fornecer à pena um determinado conteúdo, ou seja, tratar-se-á de questão relativa às finalidades da pena.[99]

Nesse ponto, a formulação de um conceito material de crime é o modo como o Estado justifica seu poder de punir. A grande tarefa da teoria crítica é propor critérios para delimitar o exercício desse poder.

Como aqui estamos tratando da proposta de um conceito material de crime, vamos verificar se, por meio disso, se poderá iniciar uma limitação do poder de punir. Hassemer pondera que o fenômeno criminoso, como expressa uma conduta de oposição ao regime, é sempre objeto de fascínio positivo ou negativo,[100] tanto das pessoas em geral, quanto da ciência jurídica, a qual, por meio de elaborações abstratas, se mostra ansiosa para justificar suas proposições, que podem ser para legitimar, em sua grande maioria, ou mesmo deslegitimar a norma criminalizadora.

Embora a ciência jurídica tenha sempre a preocupação de apresentar proposições racionalizadas e neutras, suas conclusões estão em conformidade com as finalidades do poder de punir, principalmente, à medida que se limitem a discutir os enunciados da experiência jurídica, ou seja, da jurisprudência. Essa tendência de subordinar, praticamente, a dogmática penal à jurisprudência vem sendo objeto de discussão desde longa data. Como demonstra Rossi,[101] já no século XVI se efetuava uma discussão em torno da relação entre os juristas e os tribunais. Sobre o tema, inclusive, é conhecida a polêmica entre Andrea Alciato e Tiberio Deciano, em que ambos defendiam teses diversas, o primeiro, no sentido de uma independência e o segundo, por uma conciliação entre ciência jurídica e jurisprudência. Mesmo Alciato não deixava de reconhecer, muitas vezes, o papel criativo da jurisprudência.[102]

A questão, porém, não está em se retirar da jurisprudência um papel relevante na execução do direito, mas sim em situá-la sob as formas de justificação e legitimação do poder criminalizador, que se mostram mais fortes na jurisprudência e acabam, com isso, por desviar a doutrina jurídica de seu caminho crítico. Por força da jurisprudência pode-se ver que o conceito material de crime na Idade Média tampouco se afastava do conceito formal, ou seja, correspondia a uma tentativa de sua neutralização simbólica. O estudo de Deciano mostra como, em face das relações políticas da República de Veneza, formou-se um conceito abstrato de crime a partir do princípio de que esse crime, em vez de ser uma entidade natural, era um produto do poder punitivo central.[103]

Segundo a fórmula proposta por Deciano, o crime seria, pois, o enunciado que pudesse ajustar a teoria das quatro causas de Aristóteles à vontade e motivação do agente, em uma mescla de conteúdos que satisfizessem aos interesses do poder punitivo, sem descurar-se dos postulados escolásticos. A filosofia jurídica da época era dominada pelas proposições da patrística, a qual, com base nas lições de Tomás de Aquino, atribuía à lei três formas: como vontade divina (*lex divina et aeterna*), como manifestação da vontade divina (*lex naturalis*) e como lei positiva, formulada pelo poder leigo (*lex humana*). Ao embasar-se na lei humana, o conceito material de crime busca superar a relação jurídica com a divindade, mas, ao mesmo tempo, procede a uma substituição dessa divindade pelo poder dominante na República.

Se o conceito material de crime implicou certo avanço da ciência jurídica, abriu espaço, por outro lado, para uma nova racionalização, de modo a solidificar a lei criminalizadora mediante uma crença na neutralidade do poder punitivo. É interessante notar que a proposição de um conceito material de crime, o qual teria por objetivo indicar os fundamentos de sua caracterização como conduta proibida, coincide com a ruptura do conceito tradicional de direito, que estava ancorado no instituto da pretensão romana (*actio*) e que assinala tratar-se de um direito vinculado a uma pessoa e não a todos. Menke faz essa distinção para assinalar que essa ruptura retira do conceito de direito seu fundamento aristotélico, de subordinação a um conceito prévio de justiça, para fazê-lo assentar exclusivamente na lei.[104] Essa característica do conceito de direito também é observada na emissão de um conceito material de crime.

Quando se vem a compreender, com Feuerbach, no início do século XIX, que o crime é um ato de ofensa a um direito subjetivo, pode-se ver como a racionalização do exercício do poder de punir, com base no contrato social, estimula o fortalecimento do Estado e, ao mesmo tempo, torna difuso o poder de punir, o qual se confunde com a própria legislação. Se, por um lado, o princípio da legalidade expressa um notável recurso de proteção da liberdade, por outro, também legitima a imposição da pena, ou seja, desde que decorrente de lei a criminalização é legítima. Assim, o conceito material de crime, com base na lesão de direito subjetivo, se, por um lado, elimina da criminalização as infrações de pura moralidade, por outro, é incapaz de evitar que a lei penal sancione atos que não correspondam àquela lesão.

Lembra Luís Greco que Feuerbach admitia modos anômalos de incriminação, desde que provenientes de lei.[105] Também, se o conceito de crime não pode se desvincular de uma essência contratual, não no sentido privado, mas de uma relação jurídica com o Estado, sua legitimidade já é desde lodo pressuposta como resultado de uma aceitação geral. Mais tarde, com a substituição da ofensa a um direito subjetivo por uma ofensa a um bem jurídico, o modelo não se altera, apenas ajusta a base do contrato social aos elementos da produção industrial. Claro que definir o crime como violação de direito subjetivo ou de bem jurídico não implica uma mudança radical, até porque para haver tanto o direito subjetivo quanto o bem jurídico é preciso uma legislação que os ampare.

O direito subjetivo, uma vez dependente de uma regra legal objetiva, não tem autonomia para limitar o poder em favor da pessoa; sua força limitadora é débil em face do aparelho repressor. Por sua vez, o bem jurídico, ainda que possa ser elevado a uma condição preferencial da pessoa, está também submetido aos enunciados normativos que conduzem, quase sempre, à sua espiritualização para legitimar crimes de perigo abstrato. Menke ilustra como o direito moderno é dependente da legalidade. Se essa legalidade pode servir para assegurar a liberdade, por um lado, mediante uma limitação do poder, pode, por outro, constituí-lo como um poder difuso.[106] Justamente será este poder difuso, que, ao separar-se da figura do soberano, afirma, por si mesmo, a aceitabilidade de suas normas e, bem assim, mediante o exercício da coação, acentua necessidade de definir atos proibidos e associá-los a uma pena. Opera-se, aqui, tal como ocorre com o processo de produção de mercadoria, a metamorfose do poder: de uma legitimação decorrente de escolhas eleitorais seletivas, mas sob a égide simbólica da defesa da vontade geral, se transfigura em aparelho repressor. Gradativamente, então, observa-se como o conceito material de crime vai se compondo com variações temporais de racionalidade para cimentar cada vez mais a crença em sua validez e, consequentemente, na legitimidade do poder.

O CRIME
E A PENA

A relação entre crime e pena suscita muitas controvérsias. Pelo senso comum, até por herança do pensamento positivista, que estrutura todas as condutas humanas sob o prisma da relação causal, há uma tendência na sociedade de atribuir pena a qualquer ato indesejável. A pena seria, desse modo, a consequência natural da atribuição de responsabilidade. Se há alguém que tenha produzido determinado fato, será por ele responsável. Não é, porém, somente o positivismo que incentiva tal pensamento. O positivismo apenas lhe empresta outra forma de racionalidade, aquela racionalidade que advém da experiência.

Há muitos anos, a pena está presente na cultura da civilização, como um recurso de enfrentar as adversidades. Mesmo sem fundar o conhecimento da realidade na causalidade, a sociedade humana sempre buscou impor a alguém ou a alguma coisa a condição de fator produtor de malefícios. Sem invocar as explicações da psicanálise, que as extraem da relação parental e da formação da vida psíquica, pode-se fixar um ponto de partida para refletir sobre esse tema da relação entre crime e pena: a pena só existe em face da existência de um ato proibido. O ato proibido, que pode ou não ser caracterizado como criminoso, é que gera a pena como consequência de sua execução. Daí a constante tentativa do pensamento humano e da doutrina jurídica, de indicar os elementos pelos quais se possa identificar um ato proibido e, assim, um crime. Percorrendo todo o caminho perfilado por esse pensamento, vê-se que o conceito de ato proibido foi se alterando no decorrer da história, à medida que a sociedade se tornava mais complexa: passa de uma identificação concreta, de um fato empírico, para um enunciado normativo.

Quanto mais abstrato é seu conceito e mais espiritualizados são seus elementos, mais força adquire o poder que o enuncia, poder que se dilui no emaranhado da legislação. Quando o poder se dilui na legislação, ocultam-se também as bases de legitimidade de seus atos. Como a definição da proibição não indica seus objetivos manifestos, o ato proibido, qualquer que seja, é introjetado no senso comum como um ato que, naturalmente, deva ser eliminado da convivência humana. O crime é visto, desde então, como um ato naturalmente proibido e que merece alguma resposta. Na evolução da teoria da pena, pode-se constatar que sua presença na sociedade é cada mais forte e mais intensa. Claro, se o crime é um ato indesejável e que merece imediata repulsa e resposta, ainda que, como ato empírico, não implique qualquer dano ou perigo para as pessoas, salvo para determinados interesses, como ocorre com as infrações puramente normativas (exemplo disso é o crime do art. 273 do Código Penal), a pena adquire, então, foros de necessidade.

A questão que está inserida no tema da relação entre crime e pena diz respeito, assim, a verificar se, efetivamente, essa relação é necessária. Pode parecer uma grande heresia duvidar dessa relação de necessidade, mas essa dúvida é relevante porque estimula uma indagação mais profunda sobre os objetivos latentes da punição. Tomando em conta essa questão principal, pode-se equacionar o tema sob as seguintes perspectivas, que implicam sua redução analítica a alguns tópicos fundamentais e que, na verdade, são também indagações candentes: a) A pena é uma reação natural ao crime? b) Há entre crime e pena perfeita simetria? c) O crime sempre existiu? d) A pena sempre existiu? e) Como se produz a metamorfose da pena no decorrer de sua evolução na história? Essas perguntas estão na mente de uma filosofia crítica da punição porque trabalham as condições que interferem diretamente na convivência humana. A grande festa política da pós-modernidade em todos os países é embalada pelo chamado combate ao crime e pelo endurecimento das penas. As penas já foram muito duras. Parece, no entanto, que esse endurecimento jamais deixou de povoar a política estatal. Por que será?

Ao estabelecer-se que a pena pressupõe a presença de um ato proibido, que pode ou não ser considerado criminoso, será preciso discutir, inicialmente, se a prática desse ato implica necessariamente a imposição de pena ou, pelo menos, de uma resposta mais agressiva por parte da comunidade ou do Estado. A reação ao ato proibido pode se dar, pelo menos, por três modos: por conciliação, por reparação ou por punição. Essas reações, no entanto, não são produtos de um critério racional com base na proporcionalidade em face da intensidade do ato, a ponto de que a punição só seria reservada a atos mais graves. Fazendo-se uma análise histórica das primeiras espécies de reação punitiva, pode-se compreender que, diante da necessidade de união entre os membros da comunidade para o enfrentamento das condições adversas de sobrevivência, a aplicação da expulsão do grupo ou de extermínio, se, por um lado, afastava o infrator do ambiente comunitário, por outro, produzia um decréscimo na força de trabalho.

A opção por uma punição mais rigorosa ou menos rigorosa será, portanto, uma consequência dos interesses do próprio grupo de conservar a força de trabalho ou de descartá-la. Uma vez que a forma de reação ao ato proibido não é uma questão moral, mas sim de ponderação de interesses materiais, pode-se compreender como a pena, como reação mais grave, convivia com outras espécies menos rigorosas de reação social. Também é importante observar que, a partir da divisão social hierarquizada, em classes dominantes e dominadas, o processo de reparação torna-se usual entre as categorias mais abastadas, adequado a quem pudesse, então, pagar o preço do crime. Nesse sentido, o Código de Hamurabi, ao lado da instituição do talião, constituiu uma verdadeira tabela de preços da agressão, que favorecia, nitidamente, as classes dominantes.

A pena, portanto, não constitui uma reação natural à prática do crime; é uma reação construída com base em interesses sociais de produção, inicialmente, e de classe na sociedade hierarquizada, depois. Quando se procura medir ou ponderar entre a natureza do crime, de um lado, e da pena, de outro, pode-se constatar que entre ambos não existe simetria. O crime é extraído de um juízo de qualidade do ato, resultante da congregação de elementos diversos, que sugerem sua classificação como um ato diferenciado dos demais atos socialmente vedados. A pena, por sua vez, é um ato que resulta de uma decisão política do poder dominante, pelo qual se assegura um tratamento seletivo das classes sociais. Está claro que a definição do crime é igualmente um ato político do poder dominante, mas esse ato deve guardar uma relação mínima com elementos empíricos que possam demonstrar uma ofensa efetiva a determinadas condições sociais, que tanto podem dizer respeito aos interesses da pessoa, quanto das classes sociais dominantes e do Estado. A pena, por seu turno, não depende de um juízo de qualidade com base em fatos empíricos, basta que sirva de instrumento a alcançar seletivamente o infrator, eliminando-o do meio social. Diante dessa diversidade de conteúdo, não há simetria entre crime e pena. Para que houvesse simetria seria necessário que se pudesse estabelecer um parâmetro quantitativo ao crime com os mesmos elementos da pena. Isso, porém, não é possível, porque jamais se poderá conseguir uma perfeita correspondência entre o que se produz com a prática do ato proibido e o que se produz com a pena, salvo mediante uma fórmula absolutamente lógica, como se pretendia na Filosofia do Direito de Hegel, a qual, entretanto, não prescindia de um exame mais acurado da vontade particular do sujeito em face da vontade universal.

Quando se trabalha a evolução histórica do ato criminoso, há sempre uma especulação que é muito escamoteada pela doutrina dominante, que é a pergunta sobre a temporalidade de sua existência. Como a definição do crime se identifica com a própria lei e como a lei torna difuso o poder dominante, torna-se comum a ideia de que o crime e a pena sempre existiram. E quando se fala em crime, a primeira ideia é de ato de agressão. Pesquisas antropológicas mais recentes demonstram, no entanto, a inexistência de atos de agressão entre alguns povos, inclusive, entre alguns grupos indígenas brasileiros. Darcy Ribeiro, depois de longa convivência com várias tribos na Amazônia, relata como os indígenas têm uma preocupação com os demais, em uma manifestação natural de compartilhamento.[107] Essas pesquisas estão aptas a indicar, assim, que a definição do crime não é consequência da apreensão de um ato natural, como seria o ato de agressão, mas da ponderação de interesses. Se o crime é, dessa forma, um conceito construído a partir de interesses vinculados à própria estrutura social hierarquizada, sua existência pode ser demarcada no tempo, assim como caracterizadas suas variadas formas de aparecimento. Por seu turno, a pena é também produto de uma construção. Não há nem crime nem pena que não sejam produtos construídos.

Como produto construído, a pena passa, além disso, por uma metamorfose histórica, desde a comunidade primitiva até a moderna sociedade de classes, estruturada na forma do regime capitalista. Nesse processo evolutivo, costuma-se invocar que a pena estava baseada, ao princípio, no sentimento de vingança. A pena seria, pois, a própria forma da vingança. São conhecidas as histórias advindas da mitologia e das tragédias gregas, em que, por exemplo, Medeia se vinga da traição de Jasão incinerando sua noiva e seu pai e matando todos os seus filhos em comum; ou na própria Odisseia, em que Aquiles resolve intervir novamente na Guerra de Troia para vingar a morte de seu companheiro Pátroclo. Apesar de serem contos, o tema dessas histórias, com inúmeras diversificações, se internalizou, de verdade, na sociedade moderna e inclusive na própria doutrina jurídica, que passou a admitir que, no princípio, a pena seria vingança, apodo esse que perdura até os dias atuais.

Pode-se dizer que, em certo momento da história, a pena encarnou a vingança, haja vista sua previsão em algumas legislações, como no Espelho de Saxônia de 1220/1235 (*Sachsenspiegel*). No entanto, o que se pode observar é que essa chamada vingança nada mais é do que expressão de um sentimento, que não emerge de uma condição natural da pessoa humana, como se pensa, mas sim das próprias relações sociais. Nesse sentido, mediante uma meticulosa investigação sobre os costumes germânicos, conclui Heinrich Beck que esse sentimento pressupõe uma certa organização social, ordenada por determinadas regras e na qual a vingança apareceria como meio de sua sustentação.[108] Isso significa que a vingança não nasce como um sentimento natural; sua entronização no cotidiano está vinculada a uma forma de organização social, na qual se exacerba o domínio de uma classe sobre outra. Assim como a pena é uma construção social, a vingança expressa nitidamente a forma como a sociedade se desempenha diante de uma estrutura hierarquizada. Por outro lado, informa Viveiros de Castro que a vingança não era um ato individual, mas implicava entre os Tupinambás um ato de guerra, o qual estava vinculado ao objetivo de sobrepujar o adversário, daí inclusive estar associada aos atos de canibalismo, pelos quais se acreditava contribuir para o fortalecimento do próprio corpo.[109] Um estudo sobre os Mapuches no Chile mostra, além disso, que o ato de guerra que engendrava a vingança, por sua vez, não era consequência de um sentimento moral, era um ato de defesa do território e dos meios de produção, concepção que inclusive também se estendia aos próprios Tupinambás.[110] Sem se darem conta, as pessoas da atualidade, que pugnam desesperadamente pela punição de infratores que se situam completamente fora de seu círculo de conhecimento ou de interesse (que interesse existe para uma pessoa no Rio de Janeiro que um político do Amapá deva ser condenado a 200 anos de prisão?), estão, na verdade, fortalecendo a estrutura de uma sociedade desigual, ou seja, de uma sociedade hierarquizada.

A evolução da pena sofre, dessa forma, uma metamorfose à medida que sua compreensão, mediante a aparente neutralidade de sua imposição, se veja internalizada como uma entidade natural. Essa evolução não é procedida aos saltos, é levada a efeito em períodos de maturação, em que as condições sociais engendram suas formas e modos de aparecimento. Ao lado dessa alteração gradativa das condições sociais, opera-se também uma variação nas espécies de sua racionalização. A pena de prisão por tempo determinado, por exemplo, ainda que tenha no capitalismo sua expressão racional mais alentada, quando efetivamente pode convalidar um sistema de troca de equivalentes, já começa a existir bem antes de haver uma modificação estrutural do sistema feudal.

Informa His, em exaustivo estudo sobre a evolução do direito penal alemão antes da edição da Constituição Criminal de Carlos V, de 1532, que leis da Lombardia e da Inglaterra já previam penas de prisão por tempo determinado. Assim, na Lombardia, por uma lei de 726, durante o reinado de Liutprand, previa-se a cominação da pena de encerramento em calabouço, de 2 a 3 anos, para autores de crimes de furto. Segundo His, a pena de prisão por tempo determinado se torna comum também a partir do século XIV, em muitas legislações, como na Ordenação de Nuremberg de 1300.[111] Esses períodos de maturação representam a transformação das condições sociais, provocadas pela ruptura gradativa do regime feudal em proveito do regime de corporações, principalmente com a expansão das cidades e do mercado.[112]

A gradativa cominação da pena de prisão à maioria dos delitos, que mais tarde vai se assemelhar à organização de uma fábrica e que, hoje, mais do que nunca, se convalida como um instrumento puro de exercício de dominação e seletividade, vai demonstrar a falibilidade das teorias da pena que a querem caracterizar como um instrumento de prevenção do crime e de suposto tratamento do autor do fato. Já se sabe que a pena, como exercício de poder, não é uma entidade natural, nem previne delitos nem ressocializa seus autores. Esses objetivos são, assim, puramente simbólicos. Justamente essa simbolização da pena em face de objetivos construídos de prevenção é que induzem o seu endurecimento e fortalecem sua crença. Daí a relevância da teoria agnóstica da pena de Zaffaroni, que, em certo sentido, tem também reflexos na concepção de Klaus Günther e impõe uma cultura de sua extrema contenção. A relação entre crime e pena, em conclusão, é uma relação política, não é uma relação natural.

O CRIME
E O PODER

Não será possível examinar todo o desenvolvimento histórico que fundamenta o poder de proibir. Importante será verificar como esse poder se manifesta na sociedade atual. Tem-se que ter em vista, não importa a ideologia que se adote, que a sociedade atual é regida pelo regime capitalista, que impregna todos os elementos da vida humana, desde aqueles diretamente associados à produção da riqueza e da própria sobrevivência (elementos materiais de produção) quanto todos os demais que caracterizam a vida psíquica das pessoas (elementos espirituais).

Analisando essa relação com a estrutura psíquica, assinala Fromm que o "*primeiro ponto a ser mencionado é o fato de que tudo, e quase todas as pessoas, se oferecem para venda. Não apenas bens e serviços são vendidos; também ideias, arte, livros, personalidades, convicções, sentimentos, sorrisos - tudo se tornou uma mercadoria. Isto também é verdade para todo o ser humano com todas as suas habilidades e possibilidades*".[113] Essa consideração tem importância na medida em que se presta a proceder ao confronto entre atividade humana e poder disciplinar, ou regulamentador, de modo a permitir que se compreenda como se constrói a crença na necessidade da definição dos atos proibidos, ou seja, dos crimes e das penas.

Se a sociedade capitalista transforma tudo em mercadoria, o crime apresenta-se, assim, como um ato que viola, em uma primeira etapa, não os elementos essenciais da pessoa, mas sim as bases dessa sociedade, aprofundadas nos processos de troca de mercadorias. Está claro que muitos crimes dizem respeito a atentados a bens da pessoa, como a vida, a integridade corporal, a saúde, o patrimônio, a liberdade sexual e a honra, mas na essência o poder só se interessa pela criminalização que possa impedir qualquer ato que ponha em risco as bases capitalistas da própria sociedade.

Mesmo Luhmann, que tem uma concepção diversa da sociedade, faz ver que o poder político, ao mesmo tempo em que sobrestima ou subestima os riscos, os mantém controlados ou incontrolados, em função dos resultados pretendidos.[114] Os riscos, portanto, só são considerados quando sua contenção interessa à manutenção do sistema. Compreender essa relação do poder e da definição do crime a partir da estrutura da sociedade capitalista pode facilitar o entendimento acerca de como as pessoas, em geral, acreditam no que está disposto na legislação, ou mesmo fora dela, desde que maciçamente anunciado pelos meios de comunicação.

O poder não pode se sustentar sem, pelo menos, conseguir preencher três condições: a) tornar difuso o processo de criminalização mediante rituais que se desenvolvem desde os parlamentos até os tribunais, no sentido de simbolizar como necessária essa criminalização posta na lei como fórmula perfeita e acabada; b) induzir os destinatários da norma criminalizadora a acreditar na sua correção e veracidade; c) possuir a cobertura dos meios de comunicação social.

Os rituais pertencem justamente à matéria jurídica, que, conforme explica Bourdieu, ao tecer considerações de como o Estado se vale do direito para exercer seu poder, por constituir um campo especializado, ao qual poucos têm acesso, "*consagra o esforço dos grupos dominantes*" de impor uma "*representação do mundo social*" que esteja de acordo com "*sua visão de mundo*" e se situe como "*favorável aos seus interesses*".[115] Por seu turno, ao corresponder a uma representação própria do mundo do poder dominante, o direito induz os cidadãos a tomarem como verdadeiras todas suas proposições.

A relação entre poder e crime se expressa, assim, como uma fórmula que não pode, em princípio, ser contestada, que é aquela configurada na lei discutida e votada pelos chamados representantes do povo. A questão primordial nessa relação não reside, exatamente, nos frios enunciados normativos ou na presença de uma autoridade legislativa. Relevante nessa relação, e nisso é que reside a força do poder, é a capacidade de, mediante a produção de um diploma legal, captar a adesão das pessoas ao processo criminalizador.

Esse processo criminalizador e a respectiva adesão popular ao seu desenvolvimento lembra bem aquilo que Fromm invoca da mitologia grega, quando Hesíodo viu surgir a Idade do Ferro, a partir de quando os homens adorarão os deuses, não serão mais perturbados pelos erros e não sentirão vergonha: daí, então, enquanto os homens envelhecem, será a Idade do Ferro que amadurece e chega à plenitude da juventude.[116] A mesma sequência se dá na relação atual entre poder e crime: uma vez construído o poder, os seres humanos já adorarão a repressão, não sentirão vergonha de verem seus semelhantes humilhados e destruídos, terão envelhecido sem terem passado por uma juventude saudável, perderão a capacidade de se sentirem como pessoas, se convalidarão em mercadoria, se sujeitarão a serem trocados em todas as suas manifestações, enquanto o poder rejuvenescerá a cada dia para impor seu domínio. Parece utópica essa sequência, mas ela representa exatamente o processo capitalista entronizado no Estado contemporâneo.

Concebendo-se a relação entre poder e crime sob a ótica de sua aceitação pelos destinatários das normas criminalizadoras, que, inclusive, tem marcado a discussão da própria democracia contemporânea, será preciso esclarecer como essa aceitação, que, nos termos das propostas da ética discursiva poderia dar lugar ao consenso, o qual, porém, em uma sociedade desigual, se torna absolutamente utópico, constitui uma forma de crença no poder.

No sentido filosófico, a crença pode comportar, pelo menos, duas abordagens: a) como expressão proposicional no sentido de tomar determinado fato como verdadeiro; b) como expressão intersubjetiva, normalmente, religiosa, de tomar determinado fenômeno no sentido de uma salvação.[117]

A primeira abordagem está, por seu turno, acoplada a critérios epistemológicos, os quais podem conduzir à chamada crença justificada. Para justificar essa forma de crença, a epistemologia se vale ou de critérios lógicos ou matemáticos (epistemologia formal) ou de critérios convencionais. Partindo de uma apresentação de Santiago Rael em torno da noção qualitativa de crença e quantitativa de graus de crença, podem ser engendradas, respectivamente, duas propostas: pela primeira, segue-se que o agente deve acreditar numa proposição se, e somente se, seu grau de crença de que essa proposição é verdadeira é maior do que o seu grau de crença de que ela é falsa; pela segunda, o agente deve acreditar numa proposição se, e somente se, seu grau de crença nessa proposição excede a um alto limite.[118]

No sentido emprestado por Santiago Rael pode-se dizer que a crença não é uma entidade metafísica, é uma relação entre um agente, em determinado momento, e um objeto de crença,[119] ou seja, uma relação entre uma pessoa, ou várias pessoas, diante daquilo que seja apresentado como uma proposição que deva ser aceita como verdadeira. O objeto de crença, nesses termos, não é um objeto material, mas sim uma proposição que pode dizer respeito tanto a um objeto real quanto a um objeto ideal. A epistemologia formal está muito mais interessada na determinação dos graus de crença do que propriamente na qualidade da crença. Por isso mesmo, costuma empregar fórmulas relativas à probabilidade subjetiva, que está também inserida em contextos de classificação e possibilidades. Como a epistemologia formal trabalha com critérios lógicos e matemáticos, é comum proceder à distinção entre os crentes: crentes ideais e crentes reais. Os crentes ideais podem corresponder a um discurso ideal, no qual todos os participantes podem expor suas opiniões, sentimentos e críticas à norma; os crentes reais escapam, praticamente, de estudos probabilísticos, porque estão munidos de diversos motivos para tomarem as proposições como verdadeiras ou falsas.

Santiago Rael demonstra que, sendo a teoria da probabilidade subjetiva uma teoria normativa, é incapaz de dizer como se comportam os crentes reais.[120] Há, então, uma diferença substancial nos efeitos dos critérios quando se trata de agentes ideais ou reais. Pode-se, por exemplo, compreender idealmente, segundo a visão dos alemães a partir da Alemanha, como se comportariam os brasileiros diante de uma norma que criminalizasse o incesto, mas essa compreensão deve ser diferente quando se trate de trabalhar com os agentes brasileiros reais, que vivem no Brasil. Aqui se repete a velha história: qual será mais crível a proposição sobre se agora chove no Rio de Janeiro: aquela efetuada a partir de quem vive no Rio de Janeiro, ou de quem vive em Berlim? O conhecimento acerca de um fato e a crença na verdade da proposição sobre esse fato devem estar vinculados ao mundo da vida. Quem está no Rio de Janeiro e sente a chuva sobre sua cabeça detém uma compreensão direta do fato e pode afirmar a existência da chuva; quem está em Berlim deve acreditar nas indicações dos programas de tempo.

Pode ser que efetivamente as indicações virtuais estejam corretas, mas pode ser o contrário, então, a crença pode ou não ter uma correspondência com a realidade. Para que, no entanto, a crença possa ser comprovada é preciso que a realidade empírica que lhe dá base possa ser confrontada. Quando se trata apenas de uma realidade normativa ou resultante de uma construção, a crença vem a se bastar por si mesma, tudo passa a ser conjectura e não uma interpretação do real. Até porque, como demonstra Zaffaroni, o delito não existe, é produto de uma construção jurídica sobre fatos que, no fundo, são conflitos arbitrariamente selecionados pelo poder dominante.[121]

A segunda abordagem, relativa à crença como expressão intersubjetiva, deve ser analisada em face do que efetivamente ocorre em nossas sociedades marginalizadas. Mediante uma reconstrução libertadora do pragmatismo clássico, que tinha como objetivo ajustar as teorias do conhecimento científico às particularidades da experiência americana, Boaventura de Sousa Santos busca ativar o que ele mesmo denomina de "epistemologia do Sul".[122] Se o pragmatismo postula que o conhecimento do fato deve ser feito a partir dos seus efeitos, o critério de avaliação dessa nova epistemologia deve estar centrado no que esses efeitos afetam os oprimidos, quer dizer, só se pode alcançar a correta explicação de como se forma o processo de adesão à criminalização quando se faça o confronto da criminalização com as condições de desigualdade e as relações de poder. A crítica feita por Boaventura de Sousa Santos à epistemologia convencional, de apenas ter em conta uma orientação para desatar compromissos das ciências e não de outros saberes,[123] possibilita demonstrar que os postulados ofertados pela ciência penal acerca da necessidade de proteção de bens jurídicos por meio da criminalização de condutas, conforme uma racionalização efetuada sobre o conteúdo da norma e seus elementos, racionalização essa que chega ao extremo de pretender que a norma apenas se destina a proteger sua estabilidade, bem como sua associação a uma pena de caráter preventivo e ressocializador, não podem ser examinados sem as condições sociais do contexto brasileiro. É que antes mesmo de se avaliarem os efeitos reais dessa criminalização e dos simbólicos efeitos preventivos e ressocializadores da pena, em face de sua possível aceitação social, já estão presentes fatores culturais de exclusão, que antecedem às próprias causas que puderam desencadear a edição das normas.

Em uma sociedade desigual, submetida por mais de quatro séculos a um estado de marginalização e exclusão social, em que os saberes primitivos se misturam com os do poder dominante e se convertem em puros instrumentos de sobrevivência, mais se dissemina e se fixa a crença na punição como recurso que, simbolicamente, possa representar a destruição do mal. Nesse contexto, a crença no poder punitivo não é produto de livre opção racional de cidadãos livres, é, sim, a consequência natural de processos opressivos internalizados na sociedade e que constituem fatores desencadeantes de toda a desigualdade e autoritarismo. Paulo Freire observa que, na formação de intersubjetividade, o opressor sempre manifestará a tendência de mistificar a realidade para que o oprimido a capte como realidade estática e, assim, a aceite como um fenômeno natural.[124]

A mistificação da realidade solidifica a internalização dos procedimentos opressivos. Ao conjugarem-se, ademais, esses fatores seculares de opressão com o quadro mercadológico traçado por Fromm, pode-se ver como os próprios oprimidos vendem sua força de trabalho para servirem como agentes da repressão. A adesão à norma criminalizadora, portanto, está associada, não apenas à tradição, mas também ao processo capitalista de transformar as próprias pessoas em mercadoria e sedimentar a crença na necessidade de eliminar os produtos vencidos.

Depois de proceder a vários experimentos, leciona Dörner que a pessoa humana, quando reage sozinha diante de um fato, por exemplo, ao aceitar a criminalização proposta e a eficácia preventiva da pena, atua conforme um certo *modelo de realidade* (no caso atual, do modelo capitalista).[125] Esse modelo de realidade é composto de elementos e características que, normalmente, não são conscientes, mas que se atualizam constantemente na forma de sentimentos, os quais tomam simples hipóteses por proposições verdadeiras, portanto, como crenças, e conduzem a pessoa a atuar como extensão do poder punitivo.

Em face disso, poder-se-ia concluir emprestando uma ilustração feita por Dörner sobre o sujeito, crente na norma, que estivesse em um jogo de xadrez no qual não pudesse mover peças individuais por estarem todas elas presas por um elástico;[126] enquanto isso, porém, seu oponente (o detentor do poder) as pudesse mover como bem quisesse, à medida que conhecesse as regras do jogo, desconhecidas ao cidadão comum. O elástico, nesse sentido, é bem representativo das amarras a que está submetido o destinatário da norma em uma sociedade desigual, desde a crença na eficácia da criminalização e da pena, por desconhecimento dos propósitos reais do poder, até a incorporação dessa crença como instrumento de salvação. Quando Rubens Casara afirma que a sociedade brasileira é intrinsecamente autoritária,[127] está pondo à mostra a face enrugada do sofrimento secular do oprimido, que deve inaugurar uma outra forma de saber.

OS LIMITES AOS CONCEITOS DE CRIME

Uma vez que os conceitos de crime são confeccionados como matéria que possa justificar o processo criminalizador, será preciso verificar acerca da possibilidade de lhes impor limites e discutir acerca da suficiência desses limites como forma de conter o poder. A doutrina jurídica tem buscado, mesmo sob uma perspectiva de justificação, dispor de alguns elementos que possam intervir no conteúdo da definição de crime e tornar a criminalização menos abrangente do que aquela que derivaria do legislador originário. Há dois modos de proceder a essa limitação: a) mediante uma reestruturação do próprio conceito de conduta; b) por meio de uma inserção no âmbito do injusto de um elemento limitador.

A reestruturação do conceito de conduta, conforme novas elucubrações da teoria do discurso, em que a norma deva ser examinada em face do mundo vida, isto é, do contexto do autor, pode proporcionar uma restrição ao poder punitivo, mas para isso seria necessário verificar se, efetivamente, a normatização dos atos realizados no contexto corresponderia a um verdadeiro processo democrático. A teoria do discurso tem proporcionado uma revisão no conceito de pessoa, de modo a situá-la sob as condições que permitam considerá-la como integrante do processo legislativo. No entanto, essas condições não poderão ser inteiramente cumpridas quando em contextos de uma sociedade desigual. Está claro que se pode propor uma reformulação do conceito de conduta, mesmo em uma sociedade desigual, mas os efeitos dessa tarefa só poderão produzir uma pequena redução do poder punitivo.

Como toda proposição dogmática, qualquer alteração que se faça sobre os institutos jurídicos tradicionais provoca efeitos limitados, salvo se implicar uma eliminação do próprio conceito de crime. A eliminação do conceito de crime, porém, deve vir acompanhada de uma reformulação das relações sociais, de modo a produzir processos descriminalizadores consensuais, que possam fortalecer a eliminação das desigualdades. Sem qualquer amarra legal e ainda em uma sociedade desigual, o poder punitivo, então, poderia se sentir completamente liberto para efetuar programas de completa submissão dos oprimidos. O programa dogmático reformulador, para que possa produzir efeitos liberalizantes, deve enfrentar, além disso, as proposições dos sistemas tradicionais, pondo à mostra suas incongruências e incompatibilidades com um regime de liberdade. Dessa forma, a reconstrução do conceito de conduta deve servir para restringir a incidência da norma criminalizadora, de tal modo que possa, efetivamente, representar um avanço em face das teorias tradicionais.

Apenas uma teoria crítica do delito poderá superar a origem positivista do conceito de delito e buscar o confronto de seus elementos com os dados de uma sociedade desigual e autoritária. O reexame das condições da própria conduta deve conduzir à superação de sua estrutura que, tradicionalmente, tem por base uma relação entre meio e fim. Essa consideração da conduta a partir da relação entre meio e fim é consequência de uma herança positivista, calcada na relação de causalidade. Como a relação de causalidade pode ser avaliada sobre o desdobramento material da atividade, em que se fixam condições objetivas antecedentes e consequentes, não se torna necessário o exame do sujeito, daquele que, concretamente, realizou essa atividade. Esse é o raciocínio básico positivista, que perdura até os dias atuais.

Claro que a causalidade é importante na configuração do tipo legal. Ocorre, porém, que uma conduta não é apenas a expressão de uma relação causal objetiva, mas sim obra de uma pessoa humana, com todos seus condicionamentos e suas relações no mundo da vida. Com a reconstrução do conceito de conduta, fora do âmbito exclusivo da relação entre meio e fim, obtém-se uma revitalização do sujeito no âmbito do direito, como pessoa deliberativa e, portanto, capaz de realizar a avaliação de sua própria conduta e dos demais, e bem assim da norma que a regula.

Se o sujeito que realiza a ação é uma pessoa deliberativa, isso levará às seguintes consequências: a) a norma só deve valer para as pessoas situadas no mesmo mundo da vida sobre o qual deva incidir a criminalização; b) para efeito de imputação, exclui-se da argumentação jurídica o modelo do chamado "homo médium"; c) a avaliação da imputabilidade deve ser efetivada no âmbito da conduta, ou seja, como elemento do injusto e não da culpabilidade; d) o injusto deve ser tratado unitariamente, congregando a tipicidade e antijuridicidade, a fim de possibilitar o exame de suas condições negativas vinculadas à conduta. Sob essas consequências, elimina-se do conceito de crime elementos vinculados à conduta que operem apenas de modo simbólico. A eliminação dos elementos irreais, que só servem para justificar a aplicação da norma sem consideração às condições concretas de existência do sujeito, torna o conceito de delito mais próximo da realidade empírica.

Com a inserção de elementos no conteúdo da norma criminalizadora, pode-se compreender o delito como uma entidade não apenas normativa, senão também empírica. Sob esse enfoque, será possível construir um sistema no qual, primeiramente, se institua o bem jurídico como pressuposto de qualquer criminalização; depois, que se passe a exigir que a definição de delito inclua, necessariamente, a produção de um efeito de dano ou de perigo concreto a esse bem jurídico; finalmente, tendo em conta a unidade do injusto em torno do conceito performático de conduta, atribuível a uma pessoa deliberativa, se projete o bem jurídico como um dado preferencial e, ao mesmo tempo, orientador dessa pessoa.

Ainda que o conceito de bem jurídico seja utilizado, indistintamente, para justificar a criminalização, mediante o processo de sua espiritualização, será possível restringir seu conteúdo à medida que se possa subordiná-lo a um valor erigido como dado preferencial da pessoa. Nesse caso, somente poderá ser bem jurídico aquele dado que possa constituir um elemento de preferência da pessoa deliberativa e, ao mesmo, seu fator de orientação. Se o bem jurídico é um fator de orientação da pessoa, que o elege à categoria de seu dado preferencial, a criminalização de uma conduta não poderá ser efetuada sem que se demonstre que, com ela, se tenha alterado substancialmente a realidade empírica de modo a se poder compreender que produzira uma concreta afetação do bem jurídico, na espécie de dano ou de perigo concreto de dano. Essa última exigência decorre do próprio espírito da constituição democrática, que só terá sua validez confirmada, à medida que as normas da ordem jurídica possam ser apreendidas como um discurso válido para e por todos os cidadãos.

À medida que a norma jurídica criminalizadora prescinda da demonstração de alteração da realidade empírica, impede-se que o bem jurídico possa servir de orientação da pessoa e, consequentemente, se inserir como seu dado de preferência. Nesse ponto, portanto, uma reformulação no conteúdo do conceito de crime, mais precisamente, em seu conteúdo de injusto, implicará a eliminação da ordem jurídica de todos os chamados crimes de perigo abstrato. Igualmente, com isso, será possível também reconduzir a causalidade à sua verdadeira função nesse conceito, de servir de base para identificar a lesão ou o perigo concreto de lesão do bem jurídico.

A questão das limitações ao conceito de crime promove, ademais, uma reconstrução dos limites do processo legislativo da norma criminalizadora. Se o bem jurídico se torna o ponto nodal de qualquer incriminação, o legislador, ao assumir a condição de produtor da norma criminalizadora, deve investigar os impactos que a edição dessa norma irá causar no mundo da vida. Essa exigência é perfeitamente justificável, à medida que se imponha a necessidade de a conduta criminalizada implicar uma alteração sensível da realidade. Não havendo alteração da realidade não poderá haver criminalização; os cidadãos devem poder compreender que essa conduta é socialmente relevante, justamente porque seu cometimento irá provocar um efeito que é sensível a todos os que se situem no mesmo mundo da vida para o qual a norma foi editada; os cidadãos não podem adivinhar o que lhes seja proibido ou mandado, o que só ocorre quando tenham a possibilidade de captar um efeito perceptível da conduta realizada.

Como afirma Martins, esses dados materiais são, ao mesmo tempo, o que permite aos cidadãos desenvolver uma atitude crítica perante as normas criminalizadoras e, assim, participar da decisão acerca de sua legitimidade no âmbito do processo democrático de criação normativa. Por força disso, o bem jurídico, trabalhado como entidade capaz de uma demonstração material em torno de sua afetação, constitui uma barreira ao autoritarismo penal.[128] A incorporação na norma criminalizadora de um efeito sensível da realidade, como produto da conduta incriminada, não é consequência de pura criação mental, mas sim uma condição para que a norma possa constituir um instrumento apto de comunicação aos cidadãos acerca da política do Estado diante de atos que vise a proibir.

Por outro lado, ainda que o ato proibido seja necessariamente acoplado a um efeito sensível, o que, de certo modo, gera uma limitação do poder de punir, à sua criminalização não basta a simples possibilidade desse efeito; será preciso que esse efeito seja de tal ordem relevante que também afete significativamente uma condição da pessoa. A condição da pessoa, aqui, se refere à sua dignidade, liberdade e sociabilidade, no sentido de ser tratada com igualdade e com respeito diante dos demais, de exercer livremente seus direitos políticos, de manter domínio sobre seus bens e direitos, de não ser objeto de discriminação, de não ser fraudada em suas expectativas, de fazer suas escolhas pessoais sem coação, de garantir sua subsistência e, enfim, de ser acolhida como pessoa deliberativa, sobre a qual se deva assentar toda a ordem jurídica. Com a extensão do conceito de pessoa deliberativa ao processo legislativo e não apenas ao âmbito de aplicação da norma, insere-se também como pressuposto fundamental de qualquer criminalização que a definição do delito e a cominação da pena não estimulem, induzam, promovam ou provoquem a dessocialização do autor do fato. Essas são condições essenciais que devem estar presentes como elementos intrínsecos do conceito de crime e, portanto, como seus limitadores.

PRINCÍPIOS E REGRAS

Em uma ordem jurídica democrática, as normas criminalizadoras devem se submeter a princípios e regras que estruturam as bases constitucionais do Estado. Há inúmeras teorias que pretendem indicar como se devam diferenciar princípios e regras. Ainda que hoje se tenha difundido a ideia de que princípios sejam normas de otimização e que regras são normas de execução do direito positivo, essa diferenciação pode causar alguns transtornos, principalmente quando se verifique a incidência de mais de um princípio ou de mais de uma regra sobre determinado fato. Em se tratando de normas penais, é temerário seguir a proposição de que, como os princípios são normas de otimização, ou seja, normas que asseguram uma coerência no sistema jurídico em termos de eficiência, a solução do conflito deve orientar-se por um objetivo utilitarista, de fazer incidir sobre o caso o princípio que mais a ele se ajuste, que mais implique uma utilidade. Embora a ideia dos princípios como "*mandados de otimização*" tenha se difundido no meio jurídico depois da obra de Alexy,[129] a busca por otimização, geralmente, não é uma preocupação puramente jurídica, mas sim de todas as disciplinas científicas que tenham que proceder a uma determinada conclusão acerca de um fenômeno no âmbito de sistemas complexos, nos quais não se dispõe de parâmetros conhecidos. Os mandados de otimização são usados, principalmente, na economia para determinar um selo de eficácia na produção de bens sob o âmbito da relação entre custo e benefício. Fora da economia, em todas as disciplinas a questão da otimização está associada a determinada função objetiva, por exemplo, no direito, o princípio da liberdade de expressão preenche a função objetiva de assegurar a comunicação mais ampla entre as pessoas. Por seu turno, a filosofia da ciência faz uma distinção entre otimização linear e não linear, em que as soluções dadas a um determinado problema, com base em fatores objetivos, correspondem, respectivamente, a uma função linear ou a uma função escalonada.[130]

No primeiro caso, como a função se situa em um mesmo plano de suas condições, a solução que se forneça a uma dessas condições preenche o objetivo geral: tanto a função, quanto suas condições, positivas ou negativas, são lineares, estão associadas a uma mesma meta de eficiência.

No segundo caso, como a função básica não está no mesmo plano de suas condições ou de outras funções concorrentes, a solução do problema terá que ser obtida mediante recurso a uma função auxiliar externa. Essa função auxiliar opera no sentido de estabelecer, dentro dos parâmetros de mínimo e máximo, aquilo que possa servir de critério para o preenchimento da função básica, de modo a otimizar essa função, ou decidir por sua aplicação em lugar de outra.

Esse programa de otimização, uma vez aplicado ao direito, parte do pressuposto de que os princípios constitucionais preenchem funções objetivas, ou seja, instituem e constituem eles mesmos determinadas funções na ordem jurídica, destinadas a obter melhores efeitos na relação entre Estado e pessoa ou entre Estado e sociedade, ou mesmo, entre Estados. Como esses princípios não são funções puramente causais, que poderiam conduzir a resultados certos, ou, pelo menos, de alta probabilidade, e uma vez que dependam de outras variantes positivas ou negativas e do confronto com outras funções, pode-se dizer que estão associados a funções não lineares. São não lineares também porque suas condições se encontram em planos diversos.

Sem a ela se associar, vejamos como se dá a argumentação sob esse prisma das funções auxiliares. Poder-se-ia, por exemplo, tomar em consideração que a função de assegurar a todos os acusados uma presunção de inocência, antes de uma condenação definitiva, não está no mesmo plano da função (princípio) da ampla defesa; uma vez que se garanta ao acusado a ampla defesa, isso não implica que se lhe assegure a presunção de inocência; para que isso ocorra será preciso incluir uma função auxiliar externa (juízo de ponderação), de modo a poder otimizar aquele princípio da presunção de inocência, ou seja, a proceder a uma análise da ampla defesa em função da presunção de inocência; com isso, se obtém mais eficiência da presunção de inocência, estendendo seu alcance a todos os estágios do processo penal. Por outro lado, a função (princípio) da ampla defesa, para que se torne otimizada, será também submetida a uma função auxiliar externa (juízo de ponderação), que, observando a necessidade de uma harmonização com a função da presunção de inocência, indique a obrigatoriedade de também ampliar o direito à ampla defesa, de modo a valer mesmo no caso de o acusado confessar exaustivamente a autoria do fato.

Vê-se, assim, que, sob esse prisma, os princípios da presunção de inocência e da ampla defesa poderiam obter maior eficácia por meio de um juízo de ponderação, que funcionaria como uma função auxiliar externa desse procedimento de otimização. Por seu turno, a opção pela incidência do princípio da liberdade de expressão ao fato, que se exprime como a função de ampliar o processo de comunicação social, não pode ser determinada como se fora uma consequência normal da ordem democrática, em que seriam sopesadas as condições positivas e negativas, no sentido do objetivo único de eficiência da comunicação. Como essa função (princípio da liberdade de expressão) não é a única que trata da comunicação, portanto, como há outras funções (princípios) que incidem no mesmo fato da comunicação, não será possível decidir sobre sua incidência ao fato, sem se valer de juízos de ponderação, que exercem a função auxiliar externa de verificar como essa função obterá maior desempenho, sem que se desestabilizem as demais funções. Assim, no confronto do princípio da liberdade de expressão com o princípio da proteção à honra, no que toca a determinado fato, em que poderá implicar restrição ao procedimento de comunicação, a decisão em favor de um ou de outro princípio só poderia ser tomada com o auxílio de um juízo de ponderação, que iria sopesar os fatores favoráveis e desfavoráveis a ambos os princípios, em face da afetação da pessoa humana e de sua relação com a ordem constitucional. Nesse caso, o juízo de ponderação auxiliaria a encontrar a melhor decisão acerca da aplicação do princípio da liberdade de expressão, ou, por outras palavras, ajudaria a expressá-lo em termos de mandado de otimização. Embora o juízo de ponderação possa auxiliar nessa decisão, apresenta ele algumas deficiências.

O juízo de ponderação toma o princípio constitucional como uma função *prima facie*, que só terá efetividade a partir do momento em que, confrontada com todas as condições e mais outras funções, se mostre adequada a se ajustar ao caso concreto. Ocorre, porém, que essa decisão ponderada em favor do princípio da liberdade de expressão não pode se orientar, exclusivamente, por sua efetividade no caso concreto, senão também pelos efeitos de sua aplicação sobre a vida social da pessoa afetada. Portanto, o juízo de ponderação, como função externa, não pode implicar uma relativização genérica de todos os princípios e tomá-los em um mesmo plano de igualdade, nem pode se basear nos dados empíricos e por esses encetar uma decisão, que, por força de critérios de probabilidade, se aproxime mais dos elementos de uma ou de outra dessas funções.

É que a ordem jurídica por suas funções não pode ser identificada a uma equação matemática; ao contrário, como as decisões acerca dos princípios constitucionais são qualitativas, devem ser obtidas por juízos de valor sob a escala que a própria ordem jurídica estabelece, a qual fundamenta a estrutura do Estado democrático. Até porque há princípios que não podem ser ponderados, como os princípios da dignidade da pessoa humana e da legalidade, e, de acordo com os convênios internacionais, todos aqueles que encerram proteção de direitos humanos.[131] O princípio da dignidade da pessoa humana não pode ceder a qualquer outro princípio; nem o princípio da legalidade pode ser flexibilizado diante do caso concreto. Não se pode ponderar, em termos de maior ou menor probabilidade, sobre se um fato está previsto na lei como criminoso ou não; ou o fato está previsto na lei e, portanto, é típico, ou não está e, assim, é alheio ao direito penal.

Em face das dificuldades de traçar os devidos parâmetros de aplicação dos princípios constitucionais, por meio da ponderação, a melhor metodologia para solucionar o conflito de sua incidência no caso concreto será aquela de estabelecer que todos esses princípios devem ser analisados em seu conteúdo em face dos objetivos essenciais do Estado democrático traçados na Constituição. Essa orientação se aplica a todos os princípios, inclusive aos de presunção de inocência e ampla defesa. Dessa forma, os princípios constitucionais não podem ser expressos na forma de mandados de otimização; não se trata de questão de eficiência, mas de valoração. Em um Estado democrático, a pessoa humana é o centro da ordem jurídica e a partir dela é que devem ser interpretados os princípios constitucionais, justamente porque toda a ordem jurídica deve preencher a função de proteger essa pessoa humana.

No caso da liberdade de expressão, por exemplo, ainda que seja importante até para o efeito de analisar acontecimentos históricos e não apenas para garantir a emissão de opiniões individuais, sua aplicação é ditada pela proteção da pessoa, que não pode ser exposta a um procedimento de dessocialização. À medida que o princípio da emissão livre de opinião, uma vez aplicado, tenha a potencialidade concreta de afetar a socialização de outra pessoa, deve ele ceder em benefício da proteção da dignidade, como proteção universal ao respeito. Desse modo, cada princípio está acoplado a uma respectiva função, mas sua aplicação está condicionada a que todas essas funções estejam subordinadas à função central de proteção da pessoa. Assim, a aplicação de cada princípio específico só pode afetar a pessoa humana se tiver que preencher a função de proteção de outra pessoa, que se situe em uma situação de inferioridade que lhe foi imposta pela pessoa afetada.

Em relação às regras, o critério geral é de que elas incidem ou não incidem sobre o fato. Caso haja a incidência de mais de uma regra, uma delas deve ceder em benefício da outra. Há que se fazer, aqui, uma distinção quanto à natureza das regras penais: entre regras de aplicação e regras criminalizadoras, que definem os crimes e cominam as penas.

As regras de aplicação, em caso de conflito, se submetem ao critério da especialidade, ou seja, incide a regra que mais se ajuste ao fato. A aplicação do critério da especialidade é uma consequência da legalidade estrita, que tem por objetivo limitar a incidência de normas generalizadoras; quanto mais particularizada é a descrição dos elementos do que se quer disciplinar, maior será a observância de sua legalidade. Se o legislador acolhe, por exemplo, no dolo a teoria da vontade, isto é, impõe, legalmente, que o dolo contém um elemento psicológico, ainda que possa ser interpretado normativamente diante de cada tipo legal, essa regra é de incidência obrigatória: ou o dolo tem um elemento psicológico e será, assim, dolo, ou não tem e, assim, não será dolo, podendo ser apenas culpa. Não se trata, nesse caso, de princípio programático da ordem jurídica, mas sim de verdadeira regra. Ademais, em outro exemplo, se o agente supõe ser agredido e, hipoteticamente, se defende dessa agressão imaginária, a regra de aplicação será a do art. 20, § 1º, do Código Penal (erro sobre descriminantes) e não a do art. 25 (legítima defesa); se, porém, o agente entende que tem direito a agredir o ladrão que está em fuga, o fato deve ser avaliado de acordo com a regra de aplicação do art. 21 (erro de proibição).

Para as regras que definem crimes e cominam penas, as soluções são diversas, porque envolvem, então, uma avaliação da lesão de bem jurídico e não apenas dos limites funcionais da norma. Havendo conflito sobre regras de criminalização, a doutrina oferece alguns critérios, que costumam ser chamados de princípios: especialidade, subsidiariedade e consunção. Na análise de cada um desses critérios, os quais podem incidir, teoricamente, sobre o mesmo fato, pode-se ter em conta três pressupostos, a) a cada tipo penal deve corresponder um delito; b) no confronto entre os tipos, deve subsistir uma hipótese jurídica de unidade de delito; c) em face de princípios da ordem jurídica e do conteúdo dos tipos, sobre aquela unidade de delito só pode incidir uma regra.[132]

Fazendo-se uma investigação maior desses critérios, pode-se ver que todos estão vinculados ao princípio do *non bis in idem*, que impede que a pessoa possa ser julgada e condenada duas vezes pelo menos fato. Como consequência disso, também pode-se concluir que a imputação penal por determinado fato deve excluir a correspondente imputação administrativa,[133] conclusão essa que vem sendo admitida pelos tribunais, inclusive, pelo Supremo Tribunal Federal brasileiro. No entanto, essa assertiva não deve se esgotar na decisão que exclui a infração administrativa, quando tenha o mesmo conteúdo de injusto da infração penal. Deve, sim, se estender de modo inverso: uma vez afirmada a infração administrativa, que abarque o fato de modo suficiente a partir do seu conteúdo de injusto, essa decisão deve excluir a imputação penal que lhe possa corresponder. O princípio do *non bis in idem* é, portanto, uma norma de duplo significado, aqui, complementado pelo princípio da intervenção mínima.

Em resumo: diante da incidência de um desses critérios, apenas uma regra de criminalização, portanto, será aplicada. Pela especialidade, exclui-se de aplicação a regra mais geral em benefício da regra mais específica quanto à definição do fato. Na consunção, exclui-se a regra que esteja compreendida no âmbito de injusto de outra regra, que se convencionou denominar de relação de meio e fim: o crime fim consome o crime meio. Já a subsidiariedade opera em uma relação de principal e acessório: os atos que constituam etapa ou elemento necessário (subsidiário) de um delito são absorvidos pelo crime consumado ou pelo crime que seria principal em relação ao outro, subsidiário.

A existência de uma regra, que, como regra, é de incidência obrigatória e não comporta ponderação, não impede que se possa concluir por sua ilegitimidade. Todas as regras estão subordinadas aos princípios gerais de ordem jurídica, entre os quais se encontram os próprios procedimentos legislativos. De acordo com a Constituição, um delito não pode ser definido por Medida Provisória (art. 68, II); se tal ocorrer, a regra de sua definição será inconstitucional e, portanto, ilegítima. Ademais, ao definir um delito, uma lei tem que observar seu conteúdo de injusto, como ato que ofende ou põe em perigo concreto um bem jurídico. São, assim, insuscetíveis de constituírem delito os atos de mera imoralidade, aqueles que se encontrem amparados por direitos subjetivos assegurados na própria Constituição, ou que decorram do exercício de direitos humanos previstos em tratados ou convenções internacionais, ainda que não incorporados no direito interno.

A FUNÇÃO DO DIREITO

Os princípios e regras da ordem jurídica sugerem, por sua vez, a discussão em torno da verdadeira função do direito. Independentemente de se determinar se o direito constitui consequência de uma ordem natural ou cultural, que sempre disputou a hegemonia acerca de sua origem, é necessário empreender um caminho que o possa situar na sociedade atual. Fazendo-se suspensão do exame de uma argumentação puramente jurídica, deve-se assentar como premissa fundamental um dado incontestável: a sociedade atual se rege por um sistema econômico capitalista, que tem por base a propriedade privada dos meios de produção e se estrutura em torno do conceito de mercadoria. Uma vez que o sistema capitalista se desenvolve sobre o trabalho assalariado – e essa é a característica essencial de suas relações havidas no processo produtivo – e se concretiza na comercialização de bens e serviços, postos no livre mercado em face de seu valor de troca, suas bases e suas relações formatam também a própria sociabilidade.

Quando o processo produtivo se move no sentido da mercadoria, como valor de troca, a sociedade se vê caracterizada basicamente como constituída de compradores e vendedores, como proprietários e adquirentes de mercadoria. O conceito de mercadoria impregna, então, tanto o conceito de sociedade quanto de direito, e transforma os dados reais da desigualdade nas relações de produção em elementos simbólicos. Há que se observar, ademais, que a sociedade capitalista atual, que praticamente se expande por meio de serviços e da comercialização de mercadoria financeira, engendra, por seu turno, uma relação de troca mais abstrata. Essa modificação do conteúdo da mercadoria e, consequentemente, de seu valor de troca altera também a própria estrutura do direito, que lhe serve de apoio formal. Como há, em face disso, uma total discrepância entre o que se afirma no mercado, em termos de relações de troca, e o que se mostra na realidade empírica, o direito burguês, que formaliza essas relações, é, em sua base, igualmente desigual e, ao mesmo tempo, desprovido das substâncias que poderiam suscitar uma discussão em torno de sua ilegitimidade.

Em se tratando de examinar as controvérsias acerca do crime e suas consequências, a discussão em torno das funções do direito pode partir da análise dos direitos fundamentais, que se apresentam nas constituições modernas como direitos subjetivos.[134] Ao estudar os direitos fundamentais como direitos subjetivos, leciona Menke que sua concepção corresponde a uma determinada normatividade, que se faz distinguir, inicialmente, da moralidade e, depois, se manifestar como um procedimento no qual se exclui o antigo brocardo do "*cuique tribuere*", ou seja, do direito de cada um. O distanciamento dos direitos fundamentais, como direitos subjetivos, de uma estrutura privada faz com que o novo direito reivindique seu primado, primeiro, para proceder à separação entre lei e pretensão; segundo, para assentar relevância em sua função e não propriamente em seu conteúdo; terceiro, para estabelecer, por força da normatividade, seu domínio.[135]

Assim como ocorre com a fetichização da mercadoria, que por sua forma como valor de troca neutraliza o mercado, simbolizando uma igualdade inexistente, a separação entre lei e pretensão, que possibilita fundar o direito subjetivo independentemente da propositura de uma ação judicial que vise à sua aplicação a determinado fato, também neutraliza sua origem. A existência de uma ação judicial poderia demonstrar como a desigualdade social se manifesta no exercício concreto de um direito. Uma vez que se proceda à separação entre direito e pretensão, embora implique uma evolução do conceito de direito subjetivo, cria-se a ideia de que todos os cidadãos são iguais e que o direito serve a todos, ou seja, neutraliza-se sua base social. Afastados de sua base social e vistos apenas em face de sua função, os diretos fundamentais, expressos como direitos subjetivos, prescindem, *prima facie*, de um conteúdo material, valem apenas por sua função.

Da mesma forma que o sistema capitalista se formaliza (legaliza) na mercadoria, os direitos fundamentais, como direitos subjetivos, só têm efeito por força de sua normatividade; isto quer dizer que sua função normativa se esgota em si mesma. Ao esgotarem-se em si mesmos, os direitos fundamentais, como direitos subjetivos, dão respaldo também à consecução e estabilização das esferas da economia, da política, da arte, da educação e da religião. À medida que o direito passe a exercer seu domínio sobre toda a sociedade, mediante a superação de sua origem privada, e se imponha como uma condição necessária ao desempenho de outras funções estatais, por sua normatividade, não pode ele deixar de se expressar na forma de direitos subjetivos, que se caracterizam não mais como uma pretensão, como ocorria com a noção romana de *actio*, mas sim como a formalização de ações funcionalmente institucionalizadas, entre as quais se situam, exatamente, os chamados direitos fundamentais. Se os direitos fundamentais, como direitos subjetivos, se institucionalizam como ações funcionais, preenchem também um fim político, de apresentar a norma como uma norma de interesse geral. À medida que os direitos fundamentais como ações funcionais institucionalizadas se politizam, porque, como simples forma, são construídos pela política, que detém o poder de instituir a forma dessas ações, como norma, despolitiza-se, em contrapartida, a própria sociedade, que deixa de constituir o fundamento do direito para se tornar apenas sua destinatária.

Quanto mais os direitos subjetivos se formalizam e, desse modo, mais politizados se tornam, mais força adquire o poder dominante, dando lugar ao que Menke denomina de aporia da sociedade burguesa,[136] que não é capaz de resolver a antinomia de fundar um direito universal e, ao mesmo tempo, servir ao mercado. Uma vez concebidas as garantias constitucionais como direitos subjetivos formalizados como direitos fundamentais, e ponderados apenas por sua eficiência formal, aprofunda-se a separação entre poder político e sociedade, daí se apresentar a ideia de que o Estado constitui uma entidade neutra e acima de todos.

Compreendidos os direitos fundamentais por sua função de eficiência normativa e, portanto, estritamente formalizados, a ponto de se despojarem da noção de sujeito, ainda que se apresentem como direitos subjetivos universais, refletem exatamente as pretensões do mercado. Parece até estranho dizer que os direitos fundamentais refletem as pretensões do mercado, mas sua formalização, que enseja a crença em sua vigência universal, ou, por outras palavras, de se estenderem à sociedade inteira, bem representa a característica básica de uma mercadoria. Recorde-se que na economia de mercado os bens só valem em virtude de seu valor de troca, que é um valor que só tem significado para quem detenha a disponibilidade financeira de participar do processo de compra e venda, mas que se apresenta, à primeira vista, como um valor extensível a todos. Por sua aparente neutralidade, ao se apresentar no mercado como um simples produto que se quer trocar, a mercadoria oculta as verdadeiras relações de produção, que estão na base de sua origem, e também as relações de poder que as sustentam. Ao mesmo tempo em que oculta a própria desigualdade das relações de produção, a mercadoria como valor de troca gera, por seu turno, a crença no sistema, como se fosse um sistema justo e neutro.

Assim também, os direitos fundamentais, que são direitos politizados, se, por um lado, estruturam o Estado democrático de direito e a própria essência da Constituição, por outro, ao serem aplicados como mandados de otimização, apenas se executam funcionalmente e respaldam a despolitização da sociedade, criando e fortalecendo cada vez mais a crença na superação de uma sociedade igualitária e seletiva. É mais do que claro que esses direitos fundamentais não são extensíveis a todos. Em uma sociedade desigual, a seletividade dos sujeitos demonstra a grande farsa do sistema, tanto no mercado quanto na normatividade. Todos sabem que há uma diferença entre pessoas reais. Por exemplo, o direito fundamental de inviolabilidade do domicílio só é, na verdade, assegurado a quem habita em zonas ricas das cidades e não passa de uma quimera, para aqueles que moram nas favelas. Esse é um dado real, desprezado completamente nos juízos de ponderação, que são procedimentos puramente formais.

Ao se buscar uma função para o direito, que possa ultrapassar os limites de um direito subjetivo puramente formalizado e que possa recuperar a noção real de sujeito na ordem jurídica, segundo suas condições materiais de existência e suas atividades sensíveis para a sobrevivência, pode-se compreender como são deficientes os conceitos formais de democracia, calcados no sistema representativo.

Klaus Günther bem observa como a estrutura jurídica constitucional não é capaz de conter a desumanização e a quebra do Estado de bem-estar social. Por vários motivos, vê-se que o suposto pacto social vai se diluindo, principalmente em decorrência da crise financeira e das pressões exercidas pelo mercado sobre o próprio Estado no sentido de uma drástica redução de suas tarefas básicas de inclusão social. Como ao Estado não se comete mais a função providencial, toda a responsabilidade pela vida futura confortável passa a ficar na dependência das organizações privadas e dos próprios indivíduos. Nesse ponto, o próprio interesse público vem a se confundir com os interesses privados, de tal modo que as tarefas essenciais do Estado se vejam atribuídas às corporações. A noção de que o interesse público constituiria a execução, na esfera pública, dos próprios direitos fundamentais, como direitos subjetivos de todas as pessoas, o que implicaria a consecução de um estado de liberdade material, cede lugar à consecução de uma sociedade ainda mais desigual.[137]

Diante dessa desigualdade das relações humanas em todas as esferas, desde a esfera da economia, do direito, da educação, da política e até da arte, e da necessidade de proceder a uma proteção efetiva da pessoa humana, pode-se, porém, partir de um conceito de democracia, tal como exposto pelo professor Hans Meyer, pronunciado em sua conferência de jubilação na Universidade Humboldt, de Berlim: democracia não significa regime de autonomia, como poderá parecer quando se fala de proteção da dignidade humana; democracia é uma forma de limitação de poder.[138]

Concebida a democracia como uma forma de limitação de poder, impõe-se propor uma função específica para o direito, a de limitar normativamente o poder. Tendo em conta, certamente, que os direitos fundamentais são direitos subjetivos, uma alteração de rumos nos fundamentos da democracia deve provocar, necessariamente, também uma transformação no conteúdo desses direitos. Se a democracia é uma forma de contenção de poder, os direitos fundamentais, como direitos subjetivos, que constituem a essência dessa limitação, devem ser analisados não mais em sua simples normatividade, mas sim por sua vinculação direta à proteção da pessoa humana, tomada em sentido concreto, de conformidade com sua inserção no mundo da vida. Será, assim, condição essencial ao estabelecimento de um regime democrático compor os direitos fundamentais sobre a base de uma pessoa deliberativa e orientá-los finalisticamente para desenvolver as condições concretas à eliminação das desigualdades sociais.

Em se tratando de direito penal, pode-se pensar com Zaffaroni que deve ele ser totalmente interpretado segundo o conteúdo concreto dos direitos fundamentais.[139] Nesse sentido, a limitação do poder deve se realizar, primeiro, na vinculação da norma aos sujeitos reais em face de seus respectivos mundos da vida; segundo, fornecendo aos sujeitos a efetiva possibilidade de intervirem no processo de produção legislativa e criticar, a todo o momento, sua legitimidade; terceiro, indicando aos sujeitos os elementos concretos para sua orientação de conduta, sem que tenham que exercer seus dotes de clarividência e adivinhação; quarto, ampliando aos sujeitos todos os direitos de participação social; quinto, eliminando a seletividade dos sujeitos no exercício de direitos fundamentais. Em resumo: ao direito penal não se comete a função de proteção de bem jurídico, senão de limitar normativamente o poder. Essa é sua verdadeira e única função em uma democracia.

AS PERSPECTIVAS FUNCIONAIS

A rejeição da concepção de que o direito penal protege bem jurídico suscita sempre a indagação se sua função não poderia se esgotar na preservação da própria estabilidade da norma criminalizadora. Esta é a proposta das correntes funcionalistas. Por trás dessa proposta, subsiste, porém, uma questão fundamental que é a qualidade da ação humana, como produtora de efeitos indesejáveis, e sua relação com a norma. Essa questão tem várias abordagens e conduz, no funcionalismo, a uma discussão que assume diferentes conotações, conforme seja trabalhada na filosofia, na sociologia e no direito.

O objeto nuclear da filosofia da mente se fixa na relação entre a vida espiritual e a vida material, ou melhor, na decisão acerca do primado da mente sobre o corpo ou do corpo sobre a mente. Essa não é uma discussão que se esgote nela mesma, não é uma discussão puramente especulativa, seu objetivo é o de explicar as condutas humanas. O cerne da discussão encontra-se, assim, na conduta humana. Os argumentos sobre esse tema poderiam ser resumidos em torno da definição dos conceitos ou significados dessa relação, que engendrariam as correntes do fisicalismo semântico e do funcionalismo.

Ao fisicalismo semântico, que tem como fundador Carnap e como outro expoente, entre outros, Wittgenstein, qualquer proposição psicológica deve ser expressa, definida ou interpretada em uma linguagem física. Com base nesse pressuposto, assentou

Wittgenstein que expressões mentais não constituem propriamente fenômenos internos, os quais só uma pessoa poderia saber se existem ou não. Em sua aplicação, ou seja, em suas relações com condutas concretas, as expressões mentais se submetem a critérios publicamente acessíveis, os quais indicariam, então, se essas expressões seriam verdadeiras ou falsas. Sob essa condição, assinala Wittgenstein a inexistência de argumentos da esfera privada, todos os argumentos linguísticos são públicos. Por conseguinte, uma expressão mental só terá significado quando submetida a critérios pelos quais sua aplicação possa ser posta à prova de modo independente.[140] Esses critérios são formados no contexto social, não são produtos da mente. Se vejo um pássaro, não posso pensar que se trata de uma cadeira, sobre a qual posso me sentar. Os conceitos de pássaro e cadeira são conceitos publicamente acessíveis, que orientam a atividade concreta. Se os conceitos são produtos de um acesso público a expressões consolidadas, é fácil compreender que a linguagem vale por seu uso. A relação mente e corpo é, assim, uma relação prática.

Já para o funcionalismo, é irrelevante a discussão sobre o primado de um ou de outro; sua característica reside apenas na funcionalidade; eventos funcionais pertencem a um sistema e se caracterizam exclusivamente por seu papel causal, ou seja, por acontecimentos que o causam fora do sistema (*input*) e que o sistema mesmo também causa, mas para fora dele (*output*), e cuja relação se dá em face de outros sistemas da mesma espécie.

Um exemplo esclarecedor dessa relação é ilustrado por Ned Block: uma máquina automática fornece um refrigerante ao preço de R$ 1,00, mediante a inserção de moedas de R$ 1,00 e de R$ 0,50; se a máquina, porém, receber mais moedas do que o necessário, devolverá o troco ao comprador; para que isso seja possível, será necessário que a máquina assimile dois sistemas X1 e X2; quando o comprador introduz uma moeda de R$ 1,00 (*input*), a máquina fornece o refrigerante (*output*) e permanece no sistema X1; se, porém, for inserida uma moeda de R$ 0,50, a máquina vai para o sistema X2; no sistema X2, mediante a inserção de mais uma moeda de R$ 0,50 (*input*), a máquina fornece o refrigerante (*output*) e volta ao sistema X1; caso no sistema X2, além da moeda de R$ 0,50, que já fora posta no sistema X1, seja inserida uma moeda de R$ 1,00 (*input*), a máquina fornece o refrigerante e devolve a moeda de R$ 0,50 anteriormente colocada (*output*), voltando ao sistema X1.[141] Aplicado esse exemplo na relação entre mente e corpo, poder-se-ia dizer que a inserção das moedas (*input*) corresponde a um sinal eletroquímico que o cérebro assimila, e o fornecimento do refrigerante (*output*), um sinal eletroquímico que o cérebro envia para os músculos, consequentemente, para a ação.[142] Claro que nesse caso, os conceitos de moedas de R$ 1,00 e de R$ 0,50 são conceitos públicos, mas que só têm relevância dentro do sistema. Até porque tanto o estímulo (*input*) quanto a resposta (*output*) estão vinculados ao sistema, que se compõe de mente e corpo. Conforme a qualidade dos estímulos, o sistema é acionado para produzir reações diferenciadas. Vê-se, então, que o funcionalismo não oferece uma solução ao problema da relação mente e corpo, nada diz sobre primado de um e de outro, apenas fornece uma explicação do fenômeno.

Partindo para a análise sociológica, indica Esser que a investigação, aqui, se move em torno de três pontos fundamentais: a produção da sociedade por meio de ações humanas; a objetivação da sociedade; a constituição das pessoas como entidades psicossociais, através das quais é construída a realidade social.[143]

Conforme o método, as correntes sociológicas podem dar destaque, quanto a esses pontos, ou a uma ótica coletivista, que estaria associada a uma suposta lei sociológica, como propunham Durkheim e Parsons, ou individualista, que conduziria à formulação de uma microssociologia, como nas propostas de Mead e Thomas. Na primeira corrente, a sociedade deve ser vista como uma realidade objetiva e não como produto de ações humanas; na segunda corrente, a explicação dos processos sociais só pode ser feita pela análise do significado da ação dos respectivos atores; as ações, então, poderiam ser interpretadas em face de elementos simbólicos (Mead e Thomas), ou como reação causal aos estímulos de determinada situação (Homans).[144] O enfrentamento dessas duas óticas, coletivistas e individualistas, vai se expressar na discussão sobre os próprios fundamentos da ação humana, em face do exame de sua intencionalidade ou de sua subordinação ao sistema.

A preponderância de uma lógica de produção coletivizada faz com que o funcionalismo, já no final do desenvolvimento da obra de Parsons, mas principalmente com Luhmann, busque eliminar, praticamente, a noção de ação humana e, portanto, o papel que o ser humano possa desempenhar em sua realização.[145] Se na produção de uma mercadoria, por exemplo, o que importa é a divisão coletiva do trabalho, que irá se refletir na constituição das relações sociais, tudo passa se resumir ao sistema, o qual não está baseado na ação humana, senão no processo de comunicação. A sociedade, assim, segundo essa visão construtivista, não é formada por pessoas, mas apenas por comunicação, que não é uma comunicação pessoal, é uma comunicação sistêmica, de conformidade com determinados códigos binários, que na economia seriam os códigos de custo e benefício, e, no direito, os códigos de lícito e ilícito. Trasladada essa visão ao direito penal, a norma criminalizadora, que visa a disciplinar condutas humanas, não tem por base a pessoa; sua base é simplesmente a estabilidade dentro do sistema. O círculo autopoiético se complementa, portanto, como uma manifestação típica de como a norma é construída e como são reproduzidas suas consequências para manter o sistema estável.

Seguindo, no fundo, essa linha funcional, manifesta-se Jakobs no sentido de que o direito penal, tomado em abstrato, não é capaz de quantificar empiricamente a pena como resposta ao delito, nem pode concretamente evitá-lo, salvo por meio de uma atuação absolutamente autoritária que implicaria uma perda daquela liberdade que é tanto almejada pela sociedade burguesa. Essa deficiência do sistema residiria justamente em tomar a pena como instrumento prático de prevenção e não como forma de assegurar a própria validez do direito. Uma vez que a integridade do sistema, contudo, se fundaria na validez do direito, seu objetivo não seria o de prevenir lesões às pessoas, à sociedade ou ao Estado, senão o de evitar o injusto. Ainda que a pena fosse imposta como reação ao delito, sua função equivaleria à da evitação do injusto. Esta evitação do injusto, todavia, não seria obtida a todo custo, mas apenas na medida em que pudesse, com isso, realizar o direito. Para tanto, o direito teria como destino não apenas orientar os infratores, mas sim as próprias vítimas. Isto porque, em uma sociedade em que as vítimas não possam se locomover livremente por medo da delinquência, não poderia existir realização do direito. Para que uma pessoa possa fazer uso do direito, precisa não apenas saber que está exercitando seu direito, mas também que, ao exercitar seu direito, tenha a convicção de que não será vítima de um delito e nem será por ele responsável.

Nesse sentido, a pena, como inflição de dor ao delinquente, teria como função assegurar a validez cognitiva do direito; esta seria sua finalidade, da mesma forma que sua reação à negação ao direito constitui seu significado. Por esse raciocínio, entende Jakobs que, ao impor-se a pena, como inflição de dor ao autor do crime, de tal modo intenso que ele possa entender, por meio disso, que seu fato é indesejável, institui-se que, no futuro, o alicerce cognitivo da norma não será submetido a pior tratamento do que aquele existente antes do fato criminoso. De vez que a finalidade da pena é, para ele, a manutenção da parte cognitiva da validez da norma, sua medida é também estabelecida conforme essa finalidade. A pena, nesse ponto, é necessária, e o autor do crime não deve ser apenas caracterizado, mas sim tratado como criminoso, resultando daí a declaração de sua incompatibilidade com o direito. Sob a perspectiva de sua finalidade, a pena só evitaria aquele perigo à validez da norma que fosse produzido pelo autor do crime e pelo qual se fizesse ele culpado. Sua responsabilidade pela produção do perigo à validez da norma legitima a imposição da pena e sua consequência dolorosa, assim como também outras consequências que lhe possam ser carreadas.[146]

Com essa postura, o funcionalismo engendra no direito penal uma racionalidade puramente sistêmica. A norma criminalizadora não se destina a evitar o delito, mas sim a obter um estado de segurança cognitivo à sua própria validez, ou seja, a norma se autolegitima e, ao mesmo tempo, se justifica, à medida que sua estabilidade cognitiva seja assegurada. Pensando em termos práticos, o furto de um automóvel não implica uma perda ou lesão no patrimônio de seu proprietário, mas apenas uma violação da estabilidade da norma, e sua punição se justifica unicamente pela necessidade de assegurar cognitivamente sua validez. Está claro, então, que o funcionalismo só se fixa na finalidade de pena, como prevenção positiva, ao identificá-la com a própria manutenção da estabilidade da norma. Nesse ponto opera-se uma semelhança à ideia hegeliana de restauração do direito violado com o crime e uma diferenciação com a teoria de sistemas de Luhmann. Na teoria de sistemas de Luhmann, a pena tem a função de estabilizar as expectativas normativas diante de distúrbios que as podem inviabilizar; a pena, nesse caso, não nega o crime e nem restaura o direito, só confirma a validez das expectativas que devem ser observadas. Na tese hegeliana, o crime nega o direito, e a pena, como negação ao crime, restaura o direito, tal como ocorre na proposição de Jakobs. É preciso ressaltar que a pena não tem, aqui, qualquer finalidade ressocializadora e nem de prevenção real de fatos delituosos, e pode, perfeitamente, se esgotar em um giro autopoiético: a norma válida criminaliza a conduta e comina a pena para assegurar, cognitivamente, sua própria validez, quando seja violada pelo crime.

A POSIÇÃO CRÍTICA REDUTORA

Com o funcionalismo, que não se importa em discutir a essência da proibição, o direito penal se desumaniza, porque perde qualquer compromisso tanto com a realidade empírica quanto com as pessoas infratoras. Ao mesmo tempo, como só empresta relevância à estabilidade ou validez da norma, inclusive apenas de sua parte cognitiva, legitima o sistema punitivo. O funcionalismo, ademais, por sua neutralidade quanto ao exame da norma criminalizadora e da própria pena, induz as pessoas a um estado de crença na imutabilidade das estruturas e, consequentemente, no sistema; é adequado tanto a um regime democrático quanto a uma ditadura. Interessante é que, aqui, se produz uma forma especial de contradição, que se assemelha à contradição performática, e que se pode chamar de contradição da neutralidade: induzir as pessoas a certo comportamento, sem, no entanto, reconhecê-las como pessoas. Diante dessa inserção do funcionalismo na estrutura do sistema punitivo, que produz efeitos ainda sobre as teorias que o repudiam, desde que aceitem a criminalização como obra de uma autoridade legitimada pelo voto, será preciso desenvolver uma discussão em torno de como se poderia construir uma dogmática redutora.

Em vista disso, Vormbaum busca esquematizar a possibilidade de um direito penal antiautoritário, embora reconheça que essa expressão já é, em si mesma, contraditória, porque, afinal, o direito penal é, de qualquer modo, autoritário, à medida que o ato de punir imponha ao sujeito graves restrições em seus direitos fundamentais.[147] Como historiador, além de jurista, demonstra Vormbaum como o direito penal se transforma, gradativamente, em oposição aos ideais iluministas, em um direito penal cada vez mais autoritário a partir do giro teleológico proposto por Von Liszt, em seu Programa de Marburg, em que postula adequá-lo a um fim preventivo, com base na eficácia. Por conta das características de eficácia, são incrementadas sua desformalização, flexibilização e desmedida expansão, que se conjugam com sua funcionalização, subjetivação e moralização.[148] Essa evolução vem acompanhada, não raras vezes, por profissões de fé libertárias e porta as vestes de um direito penal de um Estado de Direito, em uma mescla conceitual confusa e cínica, que apenas contribui para a ideologia que promove o arrefecimento do sistema, o que foi denunciado pela análise de Figueiredo, à qual não escapam nem mesmo as propostas pretensamente críticas de parte da ciência do direito penal brasileira e alemã.[149]

Segundo Zaffaroni, essas suas características, que se reproduzem na imposição da pena, são próprias a determinados modelos de Estado,[150] que podem se expressar nas formas de "Estado de Tutela", "Estado de Segurança", Estado de Intervenção Social", "Estado Social de Direito Autoritário" e "Estado de Prevenção".[151] Todas essas formas de Estado se justificam pelo escopo de combate ao crime, que, na modernidade, vem a ser tratado, quase sempre, sob o plano de uma "criminalidade organizada", a qual estimula políticas autoritárias e repressivas por parte dos segmentos políticos conservadores ou mesmo da esquerda. Por seu turno, a ideia de um Estado protetivo anima o fomento à criminalização, tanto por parte da esquerda de estado, quanto pela esquerda social, inclusive pelos movimentos ativistas, que, conforme demonstrado por Karam, "conduziu inclusive a uma equivocada, enganosa e destrutiva concepção dos direitos humanos fundamentais, que, partindo de uma distorcida leitura das normas que os consagram, pretende extrair de tais normas inexistentes obrigações criminalizadoras".[152]

Atendendo às tendências desse direito penal, assinala Vormbaum, entre outros, alguns pontos essenciais que fundam o autoritarismo dessas políticas: a) a punibilidade antecipada, a punibilidade do entorno, os crimes de perigo abstrato, os crimes associativos e os crimes de empreendimento; b) a flexibilização do princípio da legalidade e da taxatividade; c) inserção no tipo penal de elementos subjetivos em substituição aos objetivos, como forma de iludir a investigação da causalidade; d) a extensão das condições de garantidor nos crimes omissivos impróprios; e) a ampliação dos poderes judiciais na individualização da pena; f) a previsão de sanções penais para autores sem a demonstração de culpabilidade. Soma-se a isso, também, uma correspondente flexibilização das garantias processuais, com o fortalecimento da acusação e o enfraquecimento do direito de defesa.[153]

Haja vista o próprio caráter autoritário da norma penal, a construção de um direito penal antiautoritário só pode ser vista sob o aspecto da elaboração de uma doutrina antiautoritária. Sob esse aspecto, dever-se-á, então, distinguir entre direito penal, como saber, e sistema penal, como o conjunto de normas criminalizadoras e agências funcionalizadas para sua implementação. Portanto, um chamado direito penal antiautoritário, como saber, como doutrina penal, deve ser compreendido como um direito limitativo do poder de punir.

Em contraposição justamente às características das políticas autoritárias, mencionadas por Vormbaum, pode-se empreender a edificação de um grupo de medidas restritivas à punição. É preciso que se diga que essas medidas não eliminam o autoritarismo das normas criminalizadoras, nem excluem a degradação da pena. São medidas possíveis na atual conjuntura para diminuir a irracionalidade do sistema.

Entre todas as medidas possíveis, serão adequadas as seguintes: a) proceder, desde logo, à separação entre lei penal e pretensão persecutória; b) colocar em evidência a possibilidade de discutir a ilegitimidade da norma; c) postular pela observância estrita do princípio da legalidade; d) exigir a demonstração de que a conduta incriminada produza uma alteração sensível da realidade; e) sedimentar as causas de justificação sobre uma base puramente objetiva; f) objetivar as circunstâncias do tipo, salvo aquelas vinculadas à vontade de realização do agente; g) exigir a demonstração da culpabilidade, em todos os delitos, como elemento essencial da conduta; h) vincular o juiz aos critérios objetivos de individualização da pena, só autorizando a análise da personalidade e do contexto como causas de favorecimento do autor.

A separação entre lei penal e pretensão persecutória tem como escopo eliminar, primeiro, uma proposta funcional de edificar um direito penal integral, que compreenda também preceitos de processo penal, para o efeito de sua eficácia; segundo, demonstrar a ilegitimidade da espiritualização do bem jurídico, cuja lesão ou perigo de lesão devem ser tratados como pressupostos de qualquer tipo penal, sob a perspectiva da pessoa humana e não dos interesses do Estado ou da sociedade. Ainda que o bem jurídico possa comportar uma criação discricionária do legislador, como, de fato, ocorre, deve ele servir de elemento de contenção e não de extensão dos tipos penais.

A norma deve ser declarada ilegítima não apenas quando, em sua elaboração, viole o processo legislativo constitucional, mas sim quando não tenha dado aos seus destinatários a possibilidade real de discutir seu conteúdo e sua finalidade, ou quando descreva o fato de tal forma que impossibilite distinguir nitidamente as zonas do lícito e do ilícito.

A observância estrita do princípio da legalidade é uma exigência do Estado de Direito e um obstáculo a que o Poder Judiciário, ao exercer seu ativismo, crie incriminações por analogia. Em todas as incriminações, inclusive nos crimes omissivos, deve prevalecer a demonstração da relação de causalidade entre ação e resultado, compreendendo este como elemento essencial de todos os tipos penais.[154] Assim, um tipo de delito deve ser declarado ilegítimo sempre que, na formação da proibição ou do comando jurídicos e na sua concretização judicial, possa suscitar dúvidas quanto ao seu objeto, sua extensão ou sua forma de ofensa ao bem jurídico.[155]

Por seu turno, a postulação da presença do resultado em todos os tipos penais só poderá constituir uma garantia da pessoa quando expressar uma alteração sensível da realidade, de tal modo que qualquer pessoa possa saber se sua conduta é ou não, em termos jurídicos, prejudicial a outrem. Dessa forma, devem ser excluídos do direito penal os crimes de perigo abstrato, os delitos de acumulação e os delitos de empreendimento, nos quais, respectivamente, não se verifica qualquer alteração sensível da realidade, ou qualquer lesão ou perigo concreto de lesão ao bem jurídico, ou se antecipa a punibilidade para momentos anteriores à realização do tipo ou nos quais se equipara tentativa e consumação.

Uma vez objetivados os elementos típicos, do mesmo modo se deve proceder na antijuridicidade. Procedida à atenção ao princípio da legalidade, tem-se que todos os crimes omissivos devem ser tratados restritivamente, com a indicação precisa da situação típica e das condições de garantidor, com a vedação de qualquer responsabilidade por violação de deveres gerais. As causas de justificação, ao excluírem a antijuridicidade da conduta, devem ser analisadas também objetivamente, sem privilegiar os motivos ou momentos subjetivos da conduta, mas atender, por isso mesmo, à capacidade e incapacidade das pessoas, à vista de sua discriminação ou marginalização social, uma vez vinculadas a contextos socialmente excluídos da proteção legal.

Na sequência dos princípios liberais, que nortearam a humanização do direito penal no iluminismo, ainda que de modo abstrato, a culpabilidade deve ser vista como elemento de contenção e não como afirmação da incriminação. Diversamente do que postulam algumas doutrinas, a culpabilidade não deve estar atrelada aos fins da pena, nem constituir um juízo de discriminação do autor, nem constituir um simples pressuposto da pena. Ao contrário, a culpabilidade deve constituir um instrumento adequado a eliminar, na medida do possível, a imposição da pena criminal e, ao mesmo tempo, caso não possa ser excluída no caso concreto, justificar a aplicação de medida alternativa à prisão, servir de limite máximo da medida da pena e incorporar em seu conteúdo os princípios da necessidade, do *non bis in idem* e da intervenção mínima. Por conseguinte, na individualização da pena, deve o juiz limitar seu máximo pela medida da culpabilidade e adotar, salvo em casos legalmente expressos, qualquer outra circunstância em benefício do autor.

A adoção de medidas restritivas, por outro lado, se não eliminam o autoritarismo, podem contribuir para, gradativamente, abolir o sistema punitivo.

UMA SOCIEDADE SEM PENA

Ao refletir sobre essas medidas restritivas ao sistema penal, tem-se que tomar em consideração que, na sociedade atual regida pelo sistema capitalista, o crime e a pena não podem se desvencilhar do conceito de mercadoria, como também estão acoplados a um sistema circular de produção e reprodução, sem a obtenção de um proveito qualificado. A punição, da mesma forma que o capitalismo, se basta e se justifica a si mesma. Se Adorno bem demonstrou como a sociedade atual, inclusive em seu plano cultural, se subordina a uma constante negociação,[156] portanto, como tudo gira em torno do seu valor de troca, pode-se também dizer que só será possível eliminar o ranço autoritário do direito à medida que se tenha presente a possibilidade de diminuir a imposição da pena. Se a pena é um instrumento político, e sua medida se faz, principalmente, pelo critério da equivalência, pelo qual se ressalta sua qualidade como uma mercadoria posta à venda no mercado das incriminações, além, é claro, dos seus efeitos de humilhação do sujeito, a primeira tarefa de uma doutrina antiautoritária será excluir a pena. Essa afirmação pode soar muito irreverente para as pessoas acostumadas, desde tempos imemoriais, a vincular ato proibido e punição. Contudo, se a pena, como observa Scheerer, é uma construção política, não um produto natural da evolução social, pode sofrer um processo de dissolução, uma vez modificados os contextos que embasaram sua construção.[157]

Sob a perspectiva de uma visão crítica, a discussão em torno de uma sociedade sem pena deve seguir as seguintes etapas de discussão: a) a utilidade das teorias da pena; b) a antinomia entre proteção da pessoa e inflição de dor e humilhação ao infrator, em um Estado democrático; c) a relação entre pena cominada e pena executada; d) os objetivos da pena como objetivos fictícios ou simbólicos; e) pena e culpabilidade; f) consequências da extinção das penas.

Embora a doutrina jurídica tente justificar a pena como um ato puramente jurídico, assinalando, sob a aparência de neutralidade, sua função na elaboração dos tipos, como forma de preceito secundário da norma criminalizadora, a pena é, de fato, um instrumento político do Estado. Argumentar que a pena faz parte do próprio procedimento legal da criminalização, compondo um segmento da norma criminalizadora, induz desde logo sua legitimidade e torna inacessível a descoberta de seus objetivos latentes. Nesse contexto, brotam as teorias da pena, que se destinam a fazer florescer os fundamentos do Estado punitivo, ou seja, daquele Estado que engloba os vários tipos mencionados por Vormbaun, principalmente, os Estados de tutela e de segurança, que se valem de argumentos relacionados à intervenção social e à prevenção para justificar suas tarefas. As teorias da pena são construções voltadas à explicação e, depois, à justificação das penas, não são reflexões que tenham por base um conteúdo empírico, pelo qual que se possa sedimentar proposições verdadeiras ou falsas; a verificação de sua verdade ou falsidade é, praticamente, impossível, até porque as pretendidas comprovações dos seus enunciados são meramente supostas e simbólicas. Revendo as teorias da pena, podem ser constatadas suas deficiências, não apenas em contraste com a realidade social, mas também em sua estrutura.

A teoria absoluta, ou retributiva, da pena, que tem origem na filosofia kantiana, apresenta apenas uma justificativa: a necessidade de compensar a ruptura do dever decorrente do imperativo categórico. Ainda que a justificação da pena, na visão kantiana, esteja submetida a um fundamento ético, sua dimensão se esgota na própria lei penal, quando esta é tomada como expressão concretizada do imperativo categórico, ou seja, a pena é um elemento da lei penal, promulgada pelo Estado.[158] A proposição kantiana, de uma retribuição ética puramente associada ao dever, conduz a não admitir que a pena tenha que perseguir qualquer interesse ou finalidade.

Aqui, é de se ressaltar, porém, que na imposição da pena, quer se queira ou não, há um iniludível conflito de interesses, nascido da preservação dos direitos da pessoa em confronto com o exercício do direito do Estado. Em termos de discussão ética põe-se em destaque como será possível infligir um mal (pena) a uma pessoa na mesma proporção do mal causado pela infração, sem violar outro imperativo categórico, que é a proteção da dignidade humana. No enunciado do segundo imperativo categórico, a pessoa não pode ser tomada como objeto, senão como sujeito nas relações jurídicas, daí se dizer que é dotada de dignidade. À medida que, no entanto, deva a pessoa se submeter ao domínio do Estado para que, por meio da pena, seja mantido o imperativo da lei penal, não será ela sujeito, senão simples objeto do exercício do direito do Estado. Essa contradição da teoria retributiva é absolutamente insuperável, a não ser que, como tenta fazer Naucke, persiga outros objetivos, que são aqueles destinados a limitar o poder de punir, mas que já não correspondem ao purismo do enunciado inicial.[159] Mesmo essa última via não pode superar outra contradição: como será possível buscar uma superação da teoria retributiva em seguimento a uma finalidade restritiva, quando para determinados fatos a aplicação da pena continua sendo absolutamente necessária? O filósofo Wetz, além dessa contradição, ainda antevê mais outras deficiências: a impossibilidade de uma absoluta compensação do crime por meio da pena, diante da impossibilidade de sua medida, fora do caso do talião, e a impossibilidade de inflição do mal da pena para compensar o mal decorrente do crime, sem que o Estado se iguale, na mesma medida, ao autor do fato.[160] Em resumo: de qualquer modo, mesmo em face de proposições restritivas, que podem minimizar os efeitos perversos da expansão penal, uma teoria absoluta da pena é incompatível com o princípio de proteção da dignidade humana e com a Constituição brasileira (art. 1º, III).

Quanto às teorias preventivas da pena, cabem algumas observações. A teoria da prevenção geral negativa, defendida por Feuerbach, pretende justificar a pena por seu efeito de prevenir eventos criminosos futuros. A pena, assim, será aplicada ao autor do fato para evitar que, no futuro, outros autores cometam o mesmo fato. A pena, por meio de uma coação psicológica, teria um efeito intimidatório, ou dissuasório, sobre a sociedade em geral. Independentemente se esse efeito produz ou não resultados, se previne ou não o crime, punir-se alguém que tenha cometido um fato proibido para que outros não repitam a mesma conduta é, realmente, injustificável.

Na verdade, a punição incide sobre o fato praticado, não em função dele mesmo, mas sim com vistas ao efeito que poderá produzir em outras pessoas que nem dele participaram e talvez nunca viriam a praticá-lo. Por seu turno, a teoria da prevenção especial negativa, uma vez aplicada apenas com o caráter preventivo de isolar o autor do fato do convívio social, viola também o princípio da dignidade humana. Isto porque priva o autor de sua liberdade ou de seus direitos fundamentais, por haver este violado a proibição, e o relega a um puro confinamento, tomando-o como objeto da política punitiva e não como sujeito de direitos. Por outra parte, a proposta de uma prevenção especial positiva, que teria como objetivo o tratamento do autor, sua ressocialização ou reinserção, esbarra, pelo menos, nos seguintes obstáculos: nem todos os sujeitos precisam de tratamento; o autor do fato não pode ser compelido a um tratamento que seja incompatível com sua própria concepção da vida; nem todas as pessoas precisam de ressocialização; a ressocialização é um mito para autores que possuem uma firme vinculação ao seu mundo da vida em contraste com o mundo da vida pressuposto pela norma; a ressocialização no capitalismo só é adequada a quem se ajuste aos seus pressupostos, que são aqueles da economia de mercado; a reinserção social é inútil se não forem alteradas as mesmas condições que influenciaram na prática do crime e, portanto, pressupõe uma profunda alteração social, principalmente nas sociedades desiguais. Essas deficiências da prevenção geral negativa são, de todo modo, insuperáveis. Além disso, como bem informa Genelhu, o poder punitivo, diante da falência do sistema ressocializador, sempre busca uma justificação para seu exercício, agregando-se ao discurso de uma "impunidade criminógena" para mistificar sua inutilidade empírica.[161]

Finalmente, a prevenção geral positiva, que toma a pena como medida para reconstituir a manutenção da norma, viola igualmente a dignidade da pessoa humana, porque a situa como simples objeto da política estatal. Em termos lógicos, deve-se concluir *per absurdum* ser ilegítimo que se imponha um mal a alguém, não pelo fato que esse cometera, mas exclusivamente para assegurar a estabilidade da norma. As três teorias tradicionais da pena são, assim, incapazes de justificar a pena. Em face disso, há uma corrente que pretende ressuscitar a velha tese do positivismo, de substituir a pena por medidas segurança e tratamento. Essa tese não tem origem apenas em autores vinculados a regimes autoritários. Pelo contrário, na Alemanha, por exemplo, pode-se ver que essa é a tese defendida por um célebre crítico do nazismo e, também, da reforma penal de pós-guerra, que foi Frizt Bauer. Em crítica à reforma penal, dizia Bauer que o projeto de 1959, embora previsse medidas de tratamento, se orientava explicitamente por uma fundamentação metafísica e retributiva da pena, que era injustificável em um Estado democrático; em seu lugar, propunha ele a eliminação definitiva da pena de prisão e sua substituição somente por medidas de tratamento.[162] Ocorre, porém, que a medida de tratamento enfrenta os mesmos obstáculos da pena, vista sob o efeito preventivo: é medida privativa de liberdade; sujeita o infrator a tratamento que contraria sua personalidade e concepção de vida; não apresenta demonstração positiva se, efetivamente, irá fazer do infrator uma pessoa ajustada à convivência; ao eliminar o princípio da culpabilidade, deixa incerto o futuro temporal da medida e, no fim, se transforma em instrumento odioso de persecução, ainda pior do que a pena. Salo de Carvalho bem demonstra o panorama punitivo dessas medidas, o que implica considerar que sua adoção no sistema como substitutas da pena conduz aos mesmos e deletérios efeitos e caracterizaria, na verdade, um embuste de etiquetas,[163] ou seja, a diferença entre pena e medida de segurança e tratamento é puramente formal.[164]

Restam duas teorias da pena: a teoria da pena como retribuição equivalente e a teoria agnóstica da pena. A teoria da retribuição equivalente é correta em sua explicação da pena, ao afirmar que sua medida se ajustava a um verdadeiro processo de troca, tal como se faz com a mercadoria, mas essa teoria não é uma teoria justificadora da pena, porque não lhe atribui qualquer benefício. Tampouco a teoria agnóstica da pena tem o condão de justificá-la, apenas demonstra sua ilegitimidade jurídica, ao classificá-la como puro ato político do poder. Joffily entende, porém, ser essa teoria compatível com um programa axiológico de expansão de um modelo conciliatório imposto pela atenção aos direitos fundamentais, com a consequente redução do modelo punitivo.[165]

Vistas as teorias da pena, tem-se que a pena não possui um conteúdo que a possa justificar juridicamente. A pena é, como informa a teoria agnóstica, exclusivamente um instrumento político do Estado para a satisfação de seus próprios interesses, que na atualidade são os interesses dos grandes consórcios financeiros internacionais, e instrumento esse que causa dor e sofrimento, sem qualquer propósito de prevenir delitos.[166] Há que se ver também a absoluta discrepância entre a pena cominada ao delito, a pena que o juiz aplica na sentença e a quantifica conforme os parâmetros de uma mercadoria, e a pena efetivamente executada sobre o autor do fato. Em todos os lugares, sem qualquer exceção, a pena executada é degradante, desumana, humilhante e produtora de destruição da personalidade do executado. Se essa discrepância entre pena cominada e pena executada é real, então, o Estado, ao prever a pena a determinado delito, defrauda seu enunciado. Daí se dizer que por meio dessa defraudação o que se tem é uma pena puramente simbólica, que, segundo as teorias tradicionais, apenas cumpre funções abstratas, mas com os objetivos reais de destruição da pessoa por ela afetada. Há também em face disso outra discrepância no sistema de penas: a pena da culpabilidade, a pena que resulta do juízo de condenação, não é a pena real, o que confirma o processo de sua defraudação.

A pergunta que permanece é esta: o que fazer com a pena? Essa pergunta comporta apenas uma resposta: excluí-la definitivamente do direito penal. Contra essa resposta surgem muitas outras perguntas, que podem ser resumidas a uma: que consequências produz na sociedade a extinção das penas? Para contestá-la tem-se que partir de uma assertiva: um Estado Democrático de Direito não pode manter e dispor de um instrumento de coação e sofrimento sem uma justificativa que o possa validar. Diante da perplexidade das pessoas, todas acostumadas a associarem uma pena a qualquer ato proibido, pela proposta de eliminação das penas criminais, é de se ver que os atos proibidos podem ser levados em conta e prevenidos por meio de outras medidas, que não impliquem sofrimento e humilhação, porque do sofrimento e da humilhação a pessoa afetada jamais poderá se livrar, tal como acontece com a pena criminal. Para implementar essas medidas e eliminar a pena criminal basta que o Estado altere sua estrutura, de modo a potencializar organismos administrativos adequados a tratar o ato proibido sem a dessocialização do sujeito e compreender a pessoa humana como centro da ordem jurídica e não como simples mercadoria. Essas medidas são difíceis? São difíceis, mas constituem uma necessidade para recuperar a função do sujeito diante do Estado e para diminuir a intensidade dos distúrbios decorrentes de uma sociedade autoritária, os quais destroem a pessoa humana e todos os elementos saudáveis de seu entorno. Uma sociedade sem pena é, portanto, possível.

UMA SOCIEDADE SEM CRIME

Quando se fala de uma sociedade sem crime, imediatamente aflora à mente uma proposição utópica. Até porque o crime está presente e impregnado na consciência de todas as pessoas. Parece que, aqui, vigora uma forma diversificada do aforismo de Descartes: *penso, logo ele existe*. A crença na existência e na subsistência do crime é uma realidade. Pode soar irracional falar-se de crença como realidade, mas os pensamentos também são reais, quando se expressam no mundo. Ao se expressarem no mundo, os pensamentos mostram como seu conteúdo se formou e como incorporou os sentimentos comuns. Em se confiando no que enunciava Wittgenstein de que a linguagem está no mundo e não é uma produção da mente, pode-se dizer que o crime é uma criação, não uma criação qualquer, mas sim uma criação da normatividade. A normatização da vida, por sua vez, leva a formulações extravagantes, de conceber como criminosas ações que são expressões de condições naturais ou da própria vida das pessoas.

Veja-se que nos Estados Unidos, no Estado do Mississipi, se criminalizava, a partir de 1964, a conduta de pais solteiros que, tendo vários filhos, não se submetessem à esterilização voluntária.[167] Essa norma do estado americano é bem significativa de como a normatização da vida social produz o fenômeno criminoso e submete seus autores à pena criminal, com todos seus malefícios de estigmatização, humilhação e restrição de direitos fundamentais. Esse modelo de criminalização, que se estende à vida das pessoas e que seduz os crentes no sistema, provoca a necessidade de buscar subsídios sobre a construção de uma sociedade sem crime.

Será mesmo possível uma sociedade sem crime?

Em termos jurídicos, se o crime é uma criação instituída pela norma de direito, está claro que pode desaparecer, à medida que a norma seja revogada. Esta é uma questão puramente jurídica, que não necessita de qualquer escudo criminológico, sociológico, filosófico ou religioso. A construção de uma sociedade sem crime começa, portanto, com os processos de revogação das normas criminalizadoras. Da mesma forma que a produção legislativa criminalizadora percorre um processo de institucionalização, disposto, inclusive, na Constituição, processo esse que pode demorar, conforme os interesses remotos ou momentâneos vigentes no Parlamento, o inverso, a desconstrução da criminalização, também pode demorar, conforme os interesses dos respectivos atores políticos. Pode-se dizer, assim, que a criação de uma sociedade sem crime deve passar, necessariamente, pela produção legislativa. Se as descriminalizações são modelos de regeneração da vida social, de uma diversificada valoração ou revaloração da conduta humana, de modo a libertarem os sujeitos de suas amarras ao Estado, eliminando sua submissão ao processo de coação estatal, que está, ao mesmo tempo, sob o encargo de pessoas reais que dominam ou, pelo menos, fazem parte do poder, a construção de uma sociedade sem crime não é pura utopia. Quem constrói a sociedade criminogênica são as pessoas que estão no topo do poder, que o exercem, ou o dominam, ainda que não o exerçam.

O que importa, assim, é verificar como se comportam essas pessoas frente ao processo de descriminalização, se fazem-no estender a todos os fatos, ou somente a alguns deles. Veja-se, por exemplo, que o legislador brasileiro, desde a promulgação do Código Criminal do Império, de 1830, sempre esteve vinculado à chamada proteção penal da fidelidade conjugal, incriminando, por isso, o adultério até 2005, quando foi revogado o art. 240 do Código Penal vigente. É de se notar que o adultério foi considerado o crime por excelência desde a formação da família monogâmica, sendo punido com pena de morte em várias legislações. O exemplo do adultério nessa discussão é relevante porque a história de sua criminalização indica como o exercício da violência do mais forte, ou do grupo dominante no patriarcado, se autolegitima à medida que incorpora seus interesses na norma jurídica. Opera-se, então, o que Derrida assinalava: a violência se impõe na produção do direito, antes mesmo de se tornar juridicamente legitimada,[168] portanto, a noção de autoridade não decorre do costume, como pensava Pascal,[169] nem de um suposto contrato social; decorre do exercício do direito, como poder legitimado. De outro modo, em relação ao adultério, há, porém, uma tendência quase que universal para sua descriminalização, embora, em 2007, a Segunda Corte Superior do Estado de Michigan tenha decidido que a prática de relações sexuais extramatrimoniais pode sujeitar seu autor (ou autora) à pena de prisão perpétua. Mesmo que pronunciada juridicamente e extensível tanto à mulher quanto ao homem, a decisão carrega fundamentos que bem representam as mesmas bases das antigas legitimações da violência, que tinham, de qualquer modo, respaldo religioso.[170] Ainda sob o influxo religioso, nos países islâmicos, a criminalização do adultério se mantém e sua punição pode variar desde as penas de morte e de açoites (Arábia Saudita, Irã, Iêmen, Sudão e Mauritânia) até de prisão por 2 anos (Jordânia).

Parece que falar, aqui, do adultério é retroceder a eras priscas. No entanto, a história da criminalização do adultério é relevante para a discussão sobre o tema de uma sociedade sem crime porque demonstra como os fundamentos dessa espécie de criminalização se conduzem no tempo. Sobre isso, pode-se dispor de dois elementos fundamentais: o interesse patrimonial, de um lado, e a suposta ofensa à honra, de outro. Está mais do que nítido que a criminalização, desde seus primórdios, sempre esteve vinculada à proteção da herança. O projeto de proteção patrimonial, contudo, não poderia vingar se não lhe correspondesse um elemento ideológico, centrado no combate à infâmia. E é justamente essa arguição de *infâmia* que contamina os verdadeiros propósitos da criminalização, que se perpetua coletivamente e se assenta de modo circular como crença na sua imutabilidade e necessidade.[171] A pergunta que se faz, diante disso, é a seguinte: por que o adultério é, afinal, descriminalizado na maioria dos países? Vários aportes são postados para justificar essa liberalização, mas todos podem ser resumidos, basicamente, a apenas um: o adultério passa a ser descriminalizado à medida que as legislações começam a garantir o direito de herança também aos filhos nascidos fora do casamento. Diante dessa alteração, que incide sobre as relações patrimoniais do casamento, não haveria mais utilidade de uma criminalização do rompimento de fidelidade, uma vez transformada essa em simples motivo para a ruptura do vínculo matrimonial. Veja-se que no Brasil o reconhecimento do direito à herança dos filhos ilegítimos só foi instituído na Constituição de 1988 (art. 227, § 6º). Antes disso, era comum a distinção, no campo jurídico, entre filho legítimo, adulterino, bastardo, extraconjugal e incestuoso. Assim, se os filhos ilegítimos tinham direito à herança, perderia sentido criminalizar-se o adultério. Interessante é que, alterados os interesses jurídicos que sedimentavam a norma proibitiva e descriminalizado o fato, torna-se também irrelevante a questão da infâmia. Um dia antes da descriminalização (que ocorre no dia 28/03/2005), o ato do adultério é infamante para a família e seus membros; um dia depois, a infâmia desaparecia. A pergunta que fica: afinal, a infâmia existia ou era pura crença?

Nos mesmos moldes de como se deu com o adultério, as transformações das relações interpessoais podem incrementar outras espécies de descriminalização. Veja-se, por exemplo, como vem sendo tratada a evasão de divisas em diversos países. Em virtude da amplitude da União Europeia e da necessidade de agilização do mercado, conforme os interesses puramente financeiros, os países europeus, tendo como primado a Alemanha, deixaram de punir as condutas de transportar dinheiro ou valores para fora de suas fronteiras; igualmente, deixaram de punir a manutenção de depósitos não declarados no exterior.[172] Se os nacionais de um país europeu podem circular e, inclusive, habitar livremente em qualquer outro território vinculado à União Europeia, está claro que não haveria sentido restringir criminalmente a circulação de seus bens e valores. Nesse caso, a alteração das regras do mercado produziu uma relevante descriminalização de uma conduta que ainda é punível no Brasil.

A construção de uma sociedade sem crime passa, portanto, necessariamente por um processo de descriminalização e se intensifica conforme se diluem os interesses na manutenção de um poder punitivo que já não apresenta utilidade. Por que se fala, aqui, de utilidade? Porque, na verdade, o poder punitivo, como poder político, se orienta por sua utilidade e não por sentimentos éticos, morais, religiosos ou estéticos. Esses sentimentos são sempre invocados como instrumentos de sedução ideológica, para reforçar a criminalização. Daí, inclusive, o imenso grau de aceitação no direito vigente das teses funcionalistas, que apenas se dedicam a justificar o poder e a mantê-lo, desde que inalterados os interesses que lhe dão sustentáculo.

A partir da ideia de que o conceito de crime é construído pelo sistema jurídico, mostra-se também muito percuciente a consideração de Braithwaite, com base em estudo empírico, de que a criminalização, geralmente, não pode se desvincular de um procedimento prévio de criação de uma espécie de cultura punitiva, de modo a fazer com que a sociedade, antes neutra, venha a se incorporar na reprovação do fato.[173] Há, também, uma ideologização do processo criminalizador, mesmo antes de seu exercício. Nesse sentido, demonstra Steinert que o conceito de crime está indissoluvelmente ligado à chamada obsessão pela culpa. Sem a consideração de uma exigência constante de culpa desaparece a necessidade de se denominar o conflito como delito.[174]

Quando se fala de uma sociedade sem crime, a primeira objeção é ilustrada pelos crimes praticados contra a pessoa. Há, claro, o mote de combate à corrupção, mas essa, em termos de utilidade, pode ser perfeitamente contida ou diminuída por medidas extrapenais, ainda que para os leigos seja ela, junto com a lavagem de dinheiro, a heresia do mundo contemporâneo, na qual podem desaguar todas as condutas proibidas. Apesar disso, os autores abolicionistas não se intimidaram frente à nova heresia e nem diante da objeção à descriminalização dos crimes contra a pessoa. Assim, demonstra Hulsman como as incriminações são flexíveis, acomodam-se aos interesses do momento; muitos fatos são criminosos em alguns países e não o são em outros.[175]

Ademais, não existe um denominador comum a todas as condutas ditas criminosas. Isso é indicativo de que cada delito é produto de uma construção jurídica diferenciada, a qual, de uma hora para outra, pode ser modificada, transformando réus desonestos em homens honestos, selando, assim, definitivamente um antigo motivo de desprezo e preconceito.[176] Por outro lado, a cifra oculta, que assinala uma brutal diferença entre as infrações realmente praticadas e aquelas que são colhidas pela polícia, constitui também um abalo em um suposto conceito ontológico de delito. Se, de um número grande de infrações, apenas uma pequena parcela é coletada para possibilitar o exercício do poder de punir, como se pode dizer que a punição é necessária?[177] O poder punitivo se vale, assim, do conceito de crime unicamente para sua própria legitimação, fabricando culpados.[178]

Por conta dessas considerações propõe Hulsman, inicialmente, uma alteração na terminologia jurídica, eliminando o vocábulo "crime" e, consequentemente, mudando todo o discurso em torno de seu significado e da reação social que ele incrementa.[179] Um processo de abolição do sistema penal, não pode, porém, decorrer de uma alteração de terminologias, mas é preciso desmitificar a ideia de que a descriminalização implicaria um desastre social.

No decorrer da história pôde-se ver como a descriminalização de certas condutas consideradas absolutamente perniciosas para o convívio social produziu efeitos contrários à imaginada desordem, tal como ocorreu com descriminalização da bruxaria, do uso de bebidas alcoólicas, do aborto, das relações com o mesmo sexo e da reunião ilícita, mediante a qual se expandiu a liberdade pessoal e se criaram outros mecanismos para o amparo dos antigos clientes do sistema.[180] Hulsman, por outro lado, não descarta a possibilidade de prisão em flagrante daquele que esteja violando bem jurídico de outrem, como forma de uma contenção imediata da ação dolosa, mas, uma vez efetuada sua contenção imediata, propõe outros encaminhamentos para a solução do conflito fora da Justiça Criminal.

Contudo, a grande questão que é posta, geralmente, ao abolicionismo ainda diz respeito ao seguinte: o que fazer com o autor do homicídio? Essa é uma questão que está na mente de cada pessoa e que não pode ser respondida por meio de estatísticas. Não importa que, em alguns países, a taxa de homicídios seja insignificante ou que, em outros, seja elevada, como ocorre no Brasil. O que importa é saber qual medida tomar quando, na sociedade, ocorre a morte de uma pessoa produzida voluntariamente por outra. Nos crimes culposos de homicídio pode-se arguir que, como a morte não fora provocada intencionalmente, a resposta para o fato poderia ser puramente patrimonial ou uma obrigação de fazer, sem conotação criminal. Porém, no homicídio doloso, a tendência da comunidade atual é no sentido de uma drástica reprimenda ao autor, não bastando a indenização ou medidas alternativas.

O que fazer?

Sobre isso, pode-se verificar, inicialmente, como as sociedades, na história, trataram o homicídio. Procedendo a essa análise, constata Hulsman, com base em estudos do antropólogo Alliot, que entre os Bantus, na África Ocidental, as consequências do homicídio não seriam a morte do agressor, mas sim a imposição da obrigação de que trabalhasse para a família da vítima como forma de reparação do dano. Da mesma forma, entre os esquimós o homicídio era tratado pela comunidade com medidas reparatórias ou até mesmo conciliatórias.[181]

Estudos de antropologia indicam também que em alguns povos é desconhecido o homicídio como crime, seja porque se instituem fatos socialmente mais relevantes, seja porque o índice de agressão é tão diminuto que a ocorrência do homicídio passa a ser encarada como pura fatalidade, tal como ocorre em algumas tribos indígenas brasileiras, como os Kalapalos,[182] e os Krahôs,[183] do Alto Xingu.

É também importante constatar como o homicídio é respondido pela ordem jurídica. Embora seja um crime grave, submetido às mais altas penas, no Japão, por exemplo, 27% das condenações por homicídio implicam uma suspensão condicional da sentença, em vez de um recolhimento à prisão.[184] Esta é uma amostra importante; embora não represente uma autêntica descriminalização, porque afinal se assemelha a um sursis, essa prática indica que é possível solucionar o conflito gerado pelo crime por meio de medidas de reintegração e não de punição.

No Brasil, onde, consoante o art. 231 da Constituição, se reconhece às comunidades indígenas sua organização social, costumes, crenças e tradições, e ainda, conforme o art. 57 do Estatuto do Índio (Lei nº 6.001/73), se tolera a aplicação de sanções penais e disciplinares impostas por elas contra seus membros, pode-se ver que as sanções aplicadas, neste caso, à prática do homicídio, não implicam privação de liberdade, pois isso retiraria a força de trabalho indispensável à sobrevivência do grupo.[185] Há, pois, uma tradição das comunidades indígenas, hoje reconhecida pela justiça brasileira, de proceder a uma composição para a prática de homicídio, consistente na prestação de serviços ou na remoção da comunidade por 5 anos, período no qual deverá o condenado prestar trabalhos em favor do grupo.

Essa prática demonstra que é possível aplicar uma resposta ao cometimento do homicídio diversa da imposição da pena prevista no Código Penal.

Essa mesma prática é também exercida nas comunidades indígenas dos Mapuches, no Chile, que para todos os delitos se valem, inicialmente, de medidas de reconciliação ou composição.[186] Como diz Zaffaroni, "O que os originários nos mostram com sua cultura, é um sistema que se orienta preferentemente à solução do conflito e não à sua punição. A punição procede ali somente quando o conflito não tem solução em sua cultura ou quando se esgotaram todas as instâncias de solução, mas não antes, como em nosso orgulhoso direito penal. Inclusive, quando não haja mais remédio, senão a punição, não canaliza vingança, mas sim se limita a separar o sujeito de seu meio, quer dizer, expulsa-o da comunidade, da cultura, que hoje parece que se leva a cabo com a entrega de nosso direito penal".[187]

Diante desses fatos, o enfoque do tema não pode ser feito apenas a partir do exame do bem jurídico que o direito quer, supostamente, proteger mediante a criminalização. Todos os tratados e manuais jurídicos afirmam que com a criminalização do homicídio o que se pretende é proteger a vida humana. Porém, a vida humana não tem sempre o mesmo valor para o poder; esse valor varia, conforme as vítimas sejam diversas, ou os interesses do poder se orientem por outros objetivos.

Então, o tema tem que ser enfocado de outro modo. Há que ver que os fatores que determinam e fundamentam as criminalizações não se situam na prática social, nas relações reais entre as pessoas, mas sim na sua relação ideológica com o poder. Essa relação ideológica fomenta, em primeiro lugar, a seletividade dos agentes e das vítimas, porque em uma sociedade desigual nem todas as vidas são iguais, e, em segundo lugar, a chamada política protetiva de Estado não se estende a todos os cidadãos. Todos sabem que o poder criminalizador não se resume ao enunciado legal; ao contrário, há uma profunda diferença entre o que, retoricamente, se proíbe ou determina, e o que, efetivamente, se protege ou se pune. A morte de uma pessoa da elite é tratada de modo diverso daquela de uma pessoa da favela. Isso é tão claro e notório que dispensa contraprova. Da mesma forma, o homicídio praticado por agente da elite não é o mesmo daquele cometido por favelado.

A seletividade é, assim, inerente ao sistema, não é um produto natural das relações pessoais; tem por objetivo proceder justamente à discrepância entre o que se define na lei e o que se executa. Sob essa discrepância mantêm-se o sistema. Por seu turno, se a seletividade discrimina autores e vítimas como recurso fático da separação entre crença e realidade, também realiza a política da ideologia dominante. Essa política se executa, por outro lado, em todos os processos de marginalização social. Morrer de fome não é apenas um fenômeno natural, morrer na guerra não é lutar pela pátria, morrer de bala perdida não é produto do acaso. A política de "guerra às drogas" provoca inúmeras mortes, até mesmo de crianças ou bebês, e o Estado as compreende como efeitos colaterais inevitáveis. Então, será mesmo que a política do Estado está voltada para a proteção da vida? Procedidas as devidas ponderações, parece que nesse quadro a descriminalização do homicídio ou a substituição de sua pena por medidas de integração não está tão distante no mundo que não possa um dia se tornar realidade. Ainda resta uma pergunta: afinal, como se pode incluir o estupro nessa relação de poder?

Convém recordar. O crime é um conceito jurídico, não é uma entidade natural. Entidades naturais são os fatos. Para alcançar a categoria de crimes, os fatos precisam ser normatizados. A sociedade, depois de longa evolução, chegou à conclusão de que alguns fatos, por sua importância para as pessoas, passaram a ser crimes em todas as legislações. Isso, agora, porque antes não era assim. Ainda os fatos graves, como o homicídio e o estupro, não eram considerados crimes em algumas comunidades, ou porque quase não existiam ou porque a comunidade estava mais preocupada com outros fatos, que considerava mais importantes. Mesmo recentemente a definição do estupro sofreu algumas importantes variações, o que indica certa desconformidade em relação à sua configuração, que é própria da diversificação dos fatos.

No entanto, historicamente, os fatos só passam a ser normatizados como crimes a partir do patriarcado. Por quê? Porque para isso seria necessário ter uma autoridade maior que normatizasse esses fatos como criminosos. Não importa aqui discutir relações de parentesco, de que se valem muitos antropólogos para explicar a evolução da sociedade primitiva. Relevante é a relação de poder que se estabelece com o patriarcado. Quando ocorre o patriarcado, a sociedade já não é mais igualitária: há os que mandam (os homens) e os que obedecem (as mulheres e os escravos). Então, a existência do crime surge quando a sociedade se torna desigual, se desfragmenta e se hierarquiza. Mesmo para quem não reconheça a existência do matriarcado, como uma sociedade de mando exclusivo das mulheres, é admissível a existência de uma sociedade de poderes distribuídos, que, em determinado momento, se torna hierarquizada pelo domínio masculino.[188] Nesse sentido, ao falar-se de matriarcado pode-se partir de um conceito mais amplo do que o de um governo de mulheres, como uma sociedade com distribuição de poderes, como uma sociedade não hierarquizada. A questão do gênero não nasce por força do sexo, mas sim pelo domínio do homem sobre a mulher e os escravos, ou seja, quando se estabelece uma diferença de classe, que sustenta o poder hierarquizado. A discriminação de gênero não ocorre por conta do machismo, como se diz, como se fora a consequência de um simples sentimento. O machismo não pode ser caracterizado como simples sentimento. A discriminação de gênero não é uma discriminação sentimental, ela ocorre porque o homem, por circunstâncias do próprio desenvolvimento da sociedade na busca de alimentos, portanto, dentro do processo de produção, foi exercendo objetivamente um poder maior do que o poder do matriarcado, que era um poder diluído. Na sociedade matriarcal, embora o homem fosse mais forte fisicamente do que a mulher e se dedicasse às atividades de caça e coleta, enquanto essa cuidava da prole e da economia grupal, ele não mandava, o poder era de certa forma distribuído.[189] Depois que ele teve que se afastar do grupo pela necessidade de caçar a longas distâncias, passou a adquirir poder, não um poder moral ou sentimental, mas um poder resultante da acumulação de riquezas e da escravização de outros. Quando voltava ao grupo, com mais bens do que todos e ainda com pessoas escravizadas, que cumpriam ordens e desempenhavam funções bélicas, começava a mandar. Mandava pela riqueza acumulada, que lhe revertia também um poder material.[190]

Então, o estupro de mulheres e crianças é consequência desse poder que o homem vem a exercer, primeiramente, como nicho desregrado na sociedade matriarcal e, depois, pelo domínio patriarcal, com a criação do próprio Estado, que, de acordo com Lerner, constitui a formalização e identificação desse domínio.[191] É indiferente que a vítima do estupro seja mulher ou homem, menina ou menino. O estupro é o crime que representa nitidamente o exercício do poder, poder que o homem passou a exercer a partir de determinado momento histórico. No estupro, o homem manifesta esse poder, tomando a vítima como subalterna ou inferior. Essa relação de subordinação pela força estimula a ideia de que se trata de exteriorização de sentimentos, mas na verdade é um ato decorrente de uma formação longínqua de subjetividade, na qual o homem passou a ter predominância em uma sociedade desigual. A chamada cultura do estupro constitui a capa ideológica desse poder hierarquizado.[192]

Convém acentuar que o domínio patriarcal só pôde ser exercido a partir da alteração na estrutura de poder, ou seja, ao conduzir a uma divisão da sociedade em classes desiguais e antagônicas, na qual, de qualquer forma, a coação e a violência se mostram imperativas. Como diz Clastres, sem coerção ou violência não se pode falar de poder.[193] A desigualdade é, portanto, produto do poder de disposição do homem sobre a riqueza, que não era acessível aos demais, e nem às mulheres. Estas, nessa sociedade desigual, perderam a supremacia ou o tratamento igual da comunidade e começaram a ser dominadas. Por conta disso, o primeiro e mais importante crime dessa época era o adultério da mulher, que visava a garantir o direito exclusivo da herança aos filhos legítimos. O fato de hoje se cometerem estupros, assim como homicídios, não desnatura o fundamento de que o crime, como entidade jurídica, é construído em torno do poder, cujos contornos ideológicos se estendem aos autores e vítimas.

Diante dessa afirmação, sobrevém a pergunta final: quais são as medidas que devem substituir a pena?

A resposta não pode ser dada por nenhum doutrinador, seja o mais abalizado jurista, criminólogo ou pensador alemão, seja o mais real e prático dos seres do Terceiro Mundo. A resposta só pode ser dada mediante um processo de integração social de todas as pessoas, não apenas das que estejam situadas no conflito, mas de todas, também daquelas que o conhecem somente pelas narrativas oficiais ou midiáticas.

A resposta é uma resposta social, resultante da conjugação de esforços para reintroduzir nas relações jurídicas a pessoa humana, a única que pode produzir morte, dor, sofrimento, desilusão, destruição, ódio e discriminação, e, também, a única que poderá se redimir para produzir felicidade, e a única que, em determinado momento, escraviza e domina seus semelhantes. Se a democracia é o regime de limitação do poder, é também aquele mesmo regime que poderá suscitar, a partir dessa limitação, as condições para o estabelecimento de uma sociedade integrada e humana.

Podemos resumir: o crime não é um fenômeno da natureza, é uma construção jurídica para fatos praticados em uma sociedade conflituosa, desigual e dividida. Claro que conflitos poderão existir na prática das relações intersubjetivas, mas esses conflitos podem, muito bem, receber outra valoração, de modo a eliminar a infâmia incidente sobre seus autores e, depois, sua humilhação e seu sofrimento, e bem assim a humilhação e discriminação das próprias vítimas. Em uma sociedade integrada, os conflitos podem ser solucionados mediante um trabalho conjunto de todos os seus membros para que não voltem a ocorrer, e para que seus protagonistas possam sentir neles mesmos a necessidade de não mais os provocar e cometer. Será isso uma utopia? Vamos pensar com Chico Buarque: "amanhã há de ser outro dia"...

NOTAS

1 SWIFT, Jonathan. *Viagens de Gulliver.* Quarta Parte. Rio de Janeiro, Clássicos Jackson, 1950, v. XXXI.

2 ARISTÓTELES. *Ética a Nicômaco.* Trad. de Edson Bini. São Paulo: Edipro, 2020.

3 QUANTE, Michael. *Person.* Berlim: De Gruyter, 2012, p. 8.

4 MÜNKE, Jürgen. Freiheit, *Individualität und Subjektivität.* Frankfurt: Verlag Edition AV, 2003, p. 180.

5 GABRIEL, Markus. *Yo no soy mi cerebro. Filosofia de la mente para el siglo XXI.* Barcelona: Pasado & Presente, 2016, p. 37 e ss.

6 MORON, Susana Inês. *Subjetividade e constituição do sujeito em Vygotsky.* Petrópolis: Vozes, 2016, p. 93.

7 ZAFFARONI, Eugenio Raúl. *O nascimento da criminologia crítica. Estudo preliminar.* São Paulo: Tirant lo Blanch, 2020.

8 SOUZA, Jessé. *A elite do atraso.* Rio de Janeiro: Casa da Palavra, 2017, p. 36 e ss.

9 BECK, Ulrich; GRANDE, Edgar. *La Europa cosmopolita: sociedad y política en la segunda modernidad.* Madri: Paidós, 2006, p. 54.

10 DIPAOLA, Esteban. *Comunidad impropia.* Buenos Aires: Letra Viva, 2013, p. 59.

11 BAUM, Daniela Fabiana Thiesen; HUPFFER, Haide Maria; FIGUEIREDO, João Alcione Sganderla. "Modernização reflexiva: as perspectivas das decisões ambientais no futuro". In: *Revista Direito Ambiental e Sociedade.* Caxias do Sul, v. 6, nº 2, 2016, p. 7 e ss.

12 COMTE, Augusto. *Cours de Philosophie Positive.* Paris: Bachelier, 1841, p. 76 e ss.

13 WELZEL, Hans. *Derecho penal alemán.* Santiago: Editorial Jurídica de Chile, 1970, p. 53.

14 KANT, Immanuel. *Kritik der praktischen Vernunft*. In: *Kant's Werke*, v. V. Berlim: Georg Reimer, 1913, p. 19 e ss.

15 ROXIN, Claus. Strafrecht, *Allgemeiner Teil*. Munique: Beck, 2006, p. 256.

16 WEBER, Max. *Wirtschaft und Gesellschaft. Studienausgabe*. Tübingen: Mohr, 2014, p. 214.

17 MEAD, Georg Herbert. *Mind, Self and Society: from the Standpoint of a Social Behaviorist*. Parte IV – Society. Chicago: The University of Chicago Press, 1934.

18 BLUMER, Herbert. *Symbolic Interactionism: Perspective and Method*. Oakland: University of California Press, 1986, p. 78 e ss.

19 SANTOS, Juarez Cirino dos. *Criminologia: contribuição para a crítica da economia da punição*. São Paulo: Tirant lo Blanch, 2021, p. 177 e ss.

20 LUHMANN, Niklas. "Die Weltgesellschaft". In: *Soziologische Aufklärung 2: Aufsätze zur Theorie der Gesellschaft*. Opladen: Westdeutscher, 1975, pp. 51-71.

21 GARCIA AMADO, Juan Antonio. *La filosofia del derecho de Habermas y Luhmann*. Bogotá: Universidad Externado, 2005, p. 14.

22 LUHMANN, Niklas. *Das Recht der Gesellschaft*. Frankfurt: Suhrkamp, 1995, p. 481.

23 BERCOVICI, Gilberto. *Entre o Estado total e o Estado social*. São Paulo: Universidade de São Paulo - USP, 2003, p. 137 e ss. Tese de Livre-Docência.

24 HUSSERL, Edmund. Die *Krisis der europäischen Wissenschaften und die transzendentale Phänomenologie*. Hamburgo: Felix Meiner, 2012, p. 120.

25 HABERMAS, Jürgen. *Teoria do agir comunicativo*. São Paulo: Martins Fontes, 2016, p. 205.

26 HABERMAS, Jürgen. “Die neue Unübersichtlichkeit. Die Krise des Wohlfahrtsstaates und die Erschöpfung utopischer Energien”. In: *Merkur.* Berlim, 1985, p. 189.

27 Ibid.

28 JANICH, Peter. *Kleine Philosophie der Naturwissenschaften.* Munique: Beck, 1997, p. 53 e ss.

29 AUSTIN, John. *How to do Things with Words.* Cambridge: Harvard University Press, 1975, p. 1 e ss.

30 MALTE PFEIFFER. “Performativität und Kulturelle Bildung”. In: *Kulturelle Bildung Online.* Disponível em: <https://www.kubi-online.de/artikel/performativitaet-kulturelle-bildung>. Acesso em: 5 ago. 2025.

31 Reportagem de 17/04/2021. Disponível em: <https://www.oe24.at/welt/per-gesetz-verboten-deshalb-darf-in-diesem-ort-niemand-sterben/474075997>. Acesso em: 5 ago. 2025.

32 EBERHARD, Johann August. *Synonymisches Handwörterbuch der deutschen Sprache.* Berlim: [s.n.], 1837, p. 644.

33 LUTZ-BACHMANN, Mathias. *Ethik. Stuttgart*: Reclam, 2013, p. 54 e ss.

34 GUTSCHKER, Thomas. “Aristóteles und der moderne Verfassungsstaat”. *Journals. Uni-Heidelberg.* Hildelberg, 2004, p. 180 e ss.

35 LUTZ-BACHMANN, op. cit., p. 64 e ss.

36 STUART MILL, John. *Utilitarianism.* Kitchener: Batoche Books, 2001, p. 9 e ss.

37 SMART, John J. C. “Extreme and restricted utilitarianism”. *The Philosophical Quarterly* (1950-). [S.l.], v. 6, no. 25, 1956, pp. 344–354.

38 BRANDT, Richard. *Theory of the Good and the Right.* Oxford: Clarendon Press, 1979, p. 271.

39 KANT, Immanuel. *Fundamentação da metafísica dos costumes.* Lisboa: Edições 70, 1992, p. 59 e ss.

40 WITTGENSTEIN, Ludwig. *Tratactus lógico-philosophicus.* Frankfurt: Suhrkamp, 1963; *Philosophische Untersuchungen.* Frankfurt: Suhrkamp, 1984.

41 APEL, Karl-Otto. "Die Sprache als Thema und als Medium der transzendentalen Reflexion. Zur Gegenwartssituation der Sprachphilosophie". In: *Transformation der Philosophie,* v. 2, *Das Apriori der Kommunikationgemeinschaft.* Frankfurt: Suhrkamp, 1976.

42 DANTO, Arthur C. *Analytical Philosophy of Action.* Londres: Cambridge University Press, 1973, p. 28 e ss.

43 BELING, Ernst. *Die Lehre vom Verbrechen.* Tübingen: Mohr, 1906, p. 14.

44 GOLDMAN, Alvin. *Theory of Human Action.* Nova Jersey: Princeton University Press, 1976, p. 49 e ss.

45 MEYER, Thomas. *Verantwortung und Verursachung: eine moralund Rechtsphilosophische Studie zu Hegel.* Hamburgo: Felix Meiner, 2020, p. 132 e ss.

46 MARX, Karl. *O Capital.* Livro 1. São Paulo: Boitempo, 2015, p. 291.

47 WELZEL, Hans. *Das neue Bild der Strafrechtswissenschat.* Göttingen: Schwarz, 1956.

48 BRENTANO, Franz. *Die Abkehr von Nichtrealen: Nur Dinge sind vorstellbar und können existieren. Briefe und Abhandlungen aus dem Nachlass.* Hamburgo: Felix Meiner, 1952, p. 33.

49 KOPENAWA, Davi; ALBERT, Bruce. *A queda do céu.* São Paulo: Companhia das Letras, 2015.

50 FILIPOVIC, Luna; JASZCZOLD , Kasia. *Space and Time in Languages and Cultures.* Amsterdã: John Benjamin, 2012, p. 6.

51 EVERETT, Daniel. *Don't sleep, they are Snakes. Life and Language in the Amazonian Jungle.* Londres: Profile Books, 2008, p. 265.

52 LÉVI-STRAUSS, Claude. "Chroniques d'une Conquête". *Ethnies*, 1993, v. 14, p. 7.

53 DIAS, Augusto Silva. *Delicta in se e Delicta mere prohibita: uma análise das descontinuidades do ilícito penal moderno à luz de uma reconstrução de uma distinção clássica*. Coimbra: Coimbra Editora, 2008, p. 18.

54 EBERHARD, op. cit., p. 644.

55 RICOEUR, Paul. El mal. *El desafio a la filosofía y a la teologia*. Buenos Aires: Amorrortu, 2007, p. 37.

56 SANTO AGOSTINHO. *O livre-arbítrio*. Livro II. Rio de Janeiro: Paulus 2014.

57 NOLLER, Jörg. *Theorien des Bösen*. Hamburgo: Junius, 2018, cap. 7.

58 ROUSSEAU, Jean-Jacques. *A origem da desigualdade entre os homens*. Trad. de Eduardo Brandão. São Paulo: Companhia das Letras, 2017, p. 100.

59 HEGEL, Georg Wilhelm Friedrich. *Principios de la filosofia del derecho*. Buenos Aires: Sudamericana, 2012, § 97.

60 ZAFFARONI, Eugenio Raúl. *En busca de las penas perdidas*. Buenos Aires: Ediar, 1998.

61 NOLLER, op. cit., cap. 3, 10.

62 HEGEL, Georg Wilhelm Friedrich. *Theorie Werkausgabe*. Frankfurt: Suhrkamp, 1972, v. 17, p. 257; NOLLER, Jörg. *Theorien des Bösen zur Einführung*. Hamburgo: Junius Verlag, 2025.

63 MIZRAHI, Esteban. "La legitimación hegeliana de la pena". In: *Revista de Filosofia*. Madri, v. 21, nº 1, 2004, p. 14.

64 MIZRAHI, ibid, p.10. Com significado alternativo, também: JOFFILY, Tiago. *Direito e compaixão. Discursos de (des)legitimação do poder punitivo estatal*. Rio de Janeiro: Revan, 2012, cap. 4.

65 HEGEL, Georg Wilhelm Friedrich. *Principios de la filosofia del derecho*. Buenos Aires: Sudamericana, 2012, § 89.

66 Ibid., § 99.

67 MOHR, Georg. "Unrecht und Strafe". In: SIEP, Ludwig (org.). *G.W.F. Hegel: Grundlinien der Philosophie des Rechts*. Berlim: De Gruyter, 2014, p. 108.

68 VOLBERS, Jörg. *Die Vernunft der Erfahrung. Eine pragmatische Kritik der Rationalität*. Hamburgo: Felix Meiner, 2018, p. 7.

69 ADORNO, Theodor W. *Vorlesung über Negative Dialektik*. Frankfurt: Suhrkamp, 2003, p. 16.

70 Ibid., p. 16.

71 Ibid., p. 44.

72 Ibid., p. 20.

73 BverfG. Decisão de 21.06.1977, 1 BvL 14/76.

74 BENTIVOGLIO, Julio. "Marc Bloch". In: LOPES, Marcos; BENTIVOGLIO, Júlio (orgs.). *A constituição da história como ciência*. Petrópolis: Vozes, 2013, p. 304 e ss.

75 KOSELLECK, Reinhart. "Wie neu ist die Neuzeit?". In: *Historische Zeitschrift*, v. 251, 1990, p. 225.

76 VORMBAUM, Thomas. *Historia moderna del derecho penal alemán*. Valência: Tirant lo Blanch, 2018, p. 37.

77 MARX, Karl. *Contribuição à crítica da economia política*. São Paulo: Expressão Popular, 2024, prefácio.

78 PACHUKANIS, Evguiéni. *Teoria geral do direito e marxismo*. São Paulo: Boitempo, 2017, prefácio à segunda edição.

79 Ibid., cap. 7.

80 MARX, Karl. *O Capital*. Livro 1. São Paulo: Boitempo, 2015, p. 160.

81 PACHUKANIS, op. cit., cap. 7.

82 HORKHEIMER, Max. *Teoria crítica*. São Paulo: Perspectiva, 2019.

83 GÜNTHER, Klaus. "Die symbolisch-expressive Bedeutung der Strafe. Eine neue Straftheorie jenseits von Vergeltung und Prävention?". In: *Festschrift für Lüderssen*. Baden-Baden: Nomos, 2002, p. 205 e ss.

84 FREVERT, Ute. *Die Politik der Demütigung, Schauplätze von Macht und Ohnmacht*. Frankfurt: Fischer, 2017, p. 7 e ss.

85 JOAS, Hans. *A sacralização de pessoa. Nova genealogia dos direitos humanos*. São Paulo: Editora Unesp, 2013, p. 129.

86 GLOY, Karen. *Kulturüberschreitende Philosophie*. Munique: Fink, 2012, p. 110.

87 ENGELS, Friedrich. *A origem da família, da propriedade privada e do Estado*. Rio de Janeiro: Editorial Vitória, 1964, cap. II.

88 FABRICIUS, Dirk. *Sebst-Gerechtigkeit*. Baden-Baden: Nomos, 2014, p. 287 e ss.

89 PRIGOGINE, Ilya. *O fim das certezas. Tempo, caos e leis da natureza*. São Paulo: Editora Unesp, 1996, p. 19.

90 HEISENBERG, Werner. "Über den anschaulichen Inhalt der quantentheoretischen Kinematik und Mechanik". *Zeitschrift für Physik*, tomo 43, 1927, pp. 172–198.

91 GLYMOUR, Clark. "Why I Am Not a Bayesien". In: CURD, Martins; COVER, J. A. (orgs.). *Philosophy of Science*. Nova York-Londres: Norton, 1998, p. 584.

92 GESSMANN, Martin. *Philosophisches Wörterbuch*. Stuttgart: Kröner, 2009, p. 762.

93 SCHELER, Max. *Der Formalismus in der Ethik und die materiale Wertethik: Neuer Versuch der Grundlegung eines ethischen Personalismus*. Hamburgo: Felix Meiner, 2014, p. 235.

94 RICKERT, Heinrich. *Vom System der Werte*. Tübingen: Mohr, 1913, p. 73.

95 HABERMAS, Jürgen. *Conhecimento e interesse*. São Paulo: Editora Unesp, 2014, p. 127.

96 MACH, Ernst. *Erkenntnis und Irrtum*. Leipzig: Barth, 1905, p. 12.

97 HABERMAS, Jürgen. *Conhecimento de interesse*. São Paulo: Editora Unesp, 2014, p. 143.

98 FODOR, Jerry. A. *Conceptos. Donde la ciência cognitiva se equivocó*. Barcelona: Gedisa, 1999, p. 45 e ss.

99 GRECO, Luís. *Lebendiges und Totes in Feuerbachs Straftheorie*. Berlim: Duncker & Humblot, 2009, p. 303.

100 HASSEMER, Winfried; MUÑOZ CONDE, Francisco. *Introducción a la criminologia y a la política criminal*. Valência: Tirant lo Blanch, 2012.

101 ROSSI, Giovanni. La lezione metodologica di Andrea Alciato: filologia, storia e diritto nei "Parerga". Verona: Forum, 2013, p. 145 e ss.; Idem. *Teoria e prassi nel maturo diritto comune: la giurisprudenza consulente nel pensiero di Tiberio Deciani*. Verona: Forum, 2004, pp. 281-313.

102 ABBONDANZA, Roberto. *Dizionario Biografico degli Italiani*. v. 2. Roma: Treccani, 1960.

103 PIFFERI, Michelle. *Generalia delictorum*. II *«Tractatus criminalis» di Tiberio Deciani e la «Parte generale» di diritto penale*. Milão: Giufrè, 2006, p. 175.

104 MENKE, Christoph. *Kritik der Rechte*. Frankfurt: Suhrkamp, 2015, p. 19 e ss.

105 GRECO, op. cit., p. 59.

106 MENKE, op. cit., p. 105.

107 RIBEIRO, Darcy. *Diários índios*. Recife: Massangana, 2010, p. 92 e ss.

108 BECK, Heinrich. "Rache". In: *Reallexikon der Germanischen Altertumskunde*. Tomo 24. Berlim: De Gruyter, 2003, p. 45 e ss.

109 CASTRO, Eduardo Viveiros de. *Metafísicas canibales*. Buenos Aires: Katz Editores, 2010, p. 152.

110 FUJIMOTO, Juliana. *A guerra indígena como guerra colonial – as representações e o lugar da belicosidade indígena e da antropofagia no Brasil colonial (séculos XVI e XVII)*. São Paulo: Universidade de São Paulo – USP-História, 2016, pp. 41 e 62. Tese de doutorado.

111 HIS, Rudolf. *Geschichte des deutschen Strafrechts bis zur Karolina*. Darmstadt: Wissenschaftliche Buchgesellschaft, 1967, p. 91.

112 WEBER, Max. *Economía y Sociedad*. Cidade do México: Fondo de Cultura Económica, 2014, p. 936 e ss.

113 FROMM, Erich. *Humanismus als reale Utopie. Der Glauber an den Menschen*. Weinheim: Beltzer, 1992, cap. 3.

114 LUHMANN, Niklas. "El concepto de riesgo". In: BERIAIN, Josetxo (org.) *Las consecuencias perversas de la modernidade*. Barcelona: Anthropos, 2011, p. 152.

115 BOURDIEU, Pierre. *O poder simbólico*. Trad. de Fernando Tomaz. Rio de Janeiro: Bertrand Brasil, 2005, p. 248.

116 FROMM, op. cit., cap. 3.

117 GESSMANN, op. cit., p. 271.

118 SANTIAGO RAEL, Josefa. *Estudio filosófico sobre representaciones formales de creencias*. [S.l.]: [s.n.], 2021, p. 3 e ss.

119 Ibid., p. 5.

120 Ibid., p. 23.

121 ZAFFARONI, Eugenio Raúl. *En busca de las penas perdidas*. Buenos Aires: Ediar, 1998, p. 201.

122 NUNES, João Arriscado. "O resgate da epistemologia". In: *Revista Crítica de Ciências Sociais*. Coimbra, 2008, pp. 45-70.

123 SANTOS, Boaventura de Sousa. "Para além do pensamento abissal: das linhas globais a uma ecologia dos saberes". In: *Revista Crítica de Ciências Sociais*. Coimbra, 2007, pp. 3-46.

124 FREIRE, Paulo. *Pedagogia do oprimido*. Rio de Janeiro: Paz e Terra, 1987, p. 30 e ss.

125 DÖRNER, Dietrich. *Die Logik des Misslingens. Strategisches Denken in komplexen Situationen*. Hamburgo: Rowohlt, 2006, p. 65.

126 Ibid., p. 66.

127 CASARA, Rubens. *Mitologia processual penal*. São Paulo: Saraiva, 2017.

128 MARTINS, Antonio. "Der Begriff des Interesses und der demokratische Inhalt der personalen Rechtsgutslehre". In: *ZSTW*, nº 125, 2013, p. 234 e ss.; BOZZA, Fabio da Silva. *Bem jurídico e proibição de excesso como limites à expansão penal*. São Paulo: Almedina, 2015, p. 230 e ss.

129 ALEXY, Robert. *Theorie der Grundrechte*. Frankfurt: Suhrkamp, 1986, pp. 77-90.

130 PAPAGEORGIOU, Markos; LEIBOLD, Marion; BUSS, Martin. *Optimierung: statische, dynamische, stochastische Verfahren für die Anwendung*. Munique: Springer, 2015.

131 Declaração de Viena e Programa de Ação. Conferência Mundial sobre Direitos Humanos, 1993, item 5.

132 RIPOLLÉS, José Luís Díez. *Derecho penal español. Parte general*. Valência: Tirant lo Blanch, 2007, p. 545.

133 DE VICENTE MARTÍNEZ, Rosario. *El principio de legalidad penal*. Valência: Tirant lo Blanch, 2004, p. 78.

134 MENKE, op. cit., p. 316.

135 Ibid., p. 39.

136 Ibid., p. 316.

137 GÜNTHER, Klaus. "Zwischen Ermächtigung und Disziplinierung. Verantwortung im gegenwärtigen Kapitalimus". In: HONNETH, Axel. (org.) *Befreiung aus der Mündigkeit. Paradoxien des gegenwärtigen Kapitalismus.* Frankfurt: Campus, 2002, p. 117 e ss.

138 MEYER, Hans. "Versuch über die Demokratie in Deutschland". In: *Öffentlichen Vorlesungen*, Heft 121, Humboldt-Universität zu Berlin, Juristische Fakultät. Berlim, 2003, p. 5.

139 ZAFFARONI, Eugenio Raúl. *Derecho penal humano. La doctrina de los juristas y el poder em el siglo XXI.* Buenos Aires: Hammurabi, 2017, p. 135 e ss.

140 BECKERMANN, Ansgar. *Analytische Einführung in die Philosophie des Geistes.* Berlim: De Gruyter, 2000, p. 69 e ss.

141 BLOCK, Ned. "What is Functionalism". In: *Reading in the Philosophy of Psychology.* v. 1. Cambridge: Harvard University Press, 1980, p. 171 e ss.

142 Ibid.

143 ESSER, Hartmut. *Soziologie. Spezielle Grundlagen.* v. 1. Frankfurt: Campus, 1999, p. 1.

144 Ibid., p. 6 e ss.

145 SELL, Carlos Eduardo. "Em busca do grande Uno: Hartmut Esser e o modelo macro-micromacro como síntese final da teoria sociológica". In: *Mediações.* Londrina, v. 24, nº 2, 2019, pp. 179-203.

146 JAKOBS, Günther. Vorträge. *Staatliche Strafe: Bedeutung und Zweck.* Paderborn: Ferdinand Schöningh, p. 26 e ss.; Idem. *Rechtsgüterschutz? Zur Legitimation des Strafrechts.* Paderborn: Ferdinand Schöningh, 2012, p. 19 e ss.

147 VORMBAUM, Thomas. *Saggi di storia del diritto penale moderno.* Nápoles: Edizioni Scientifiche Italiene, 2018, p. 132.

148 Ibid.

149 FIGUEIREDO, Frederico. *Zur Möglichkeit des unmöglichen Strafrechts. Ein Versuch über die Dissonanz im System der ultima ratio.* Frankfurt: Peter Lang, 2013.

150 VORMBAUM, op. cit., p. 134.

151 Ibid.

152 KARAM, Maria Lucia. *A "Esquerda Punitiva" vinte e cinco anos depois.* São Paulo: Tirant lo Blanch, 2021, p. 17 e ss.

153 VORMBAUM, op. cit., p. 133.

154 ROXIN, op. cit., p. 330; JOFFILY, Tiago. *O resultado como fundamento do injusto penal.* Florianópolis: Empório do Direito, 2016, p. 197 e ss.; TAVARES, Juarez. *Fundamentos de teoria do delito.* São Paulo: Tirant lo Blanch, 2020, p. 210 e ss.

155 TAVARES, Juarez. *Teoria dos crimes omissivos.* Madri-Barcelona-Buenos Aires-São Paulo: Marcial Pons, 2012, p. 44

156 HORKHEIMER, Max; ADORNO, Theodor W.: *Dialektik der Aufklärung. Philosophische Fragmente.* Frankfurt: Fischer, 2006, p. 148.

157 SCHEERER, Sebastian. "Die soziale Aufgabe des Strafrechts". In: PETERS, Helge (org.). *Muss Strafe sein? Zur Analyse und Kritik strafrechtlicher Praxis.* Opladen: Westdeutscher, 1993.

158 KANT, Immanuel. *Metaphysik der Sitten. Werk in sechs Bänden.* Stuttgart: [s.n.], 1995, v, p. 399.

159 NAUCKE, Wolfgang. "O alcance do direito penal retributivo em Kant". In: GRECO, Luís; TÓRTIMA, Fernanda (orgs.). *O bem jurídico como limitação do poder estatal de incriminar?* Rio de Janeiro: Lumen Juris, 2011, p. 95.

160 WETZ, Franz Josef. "Strafe als Menschenrechte? In: KODALLE, Klaus (org.), *Strafe muss sein! Muss Strafe sein?* Würzburg: K&N, 1998, p. 19.

161 GENELHU, Ricardo. *Do discurso da impunidade à impunização.* Rio de Janeiro: Revan, 2015, p. 581.

162 BAUER, Fritz. *Kleine Schriften*. v. 1. Frankfurt: Campus, 2018, pp. 26 e 551.

163 CARVALHO, Salo de. *Penas e medidas de segurança no direito penal brasileiro*. São Paulo: Saraiva, 2020, p. 558 e ss.

164 QUEIROZ, Paulo. *Direito penal*. Salvador: Juspodium, 2018, p. 454.

165 JOFFILY, Tiago. *Direito e compaixão. Discursos de (des)legitimação do poder punitivo estatal*. Rio de Janeiro: Revan, 2012, p. 192.

166 ZAFFARONI, Eugenio Raúl; ALAGIA, Alejandro; SLOKAR, Alejandro. *Derecho penal. Parte general*. Buenos Aires: Ediar, 2002, p. 44 e ss.; ZAFFARONI, Eugenio Raúl; BATISTA, Nilo; ALAGIA, Alejandro; SLOKAR, Alejandro. *Direito penal brasileiro*. v. 1. Rio de Janeiro: Revan, 2003, p. 98 e ss.

167 SCHÄFER, H. "Wesen und Entwicklung des Vorbeugunsgedankens". In: *Vorbeugende Verbrechensbekämpfung*. Wiesbaden: Bundeskriminalamt, 1964, p. 30.

168 DERRIDA, Jacques. *Força da lei*. São Paulo: Martins Fontes, 2010, p. 8 e ss.

169 PASCAL, Blaise. *Pensamentos*. São Paulo: Martin Claret, 2003, § 294.

170 Michigan Second Highest Court. Disponível em: <https://www.chron.com/news/nation-world/article/Michigancourt-rules-adultery-a-felony-1809139.php>. Acesso em: 5 ago. 2025.

171 HARST, Joachim. *Universalgeschichte des Ehebruchs*. Göttingen: Wallstein, 2021, p. 13.

172 TÓRTIMA, José Carlos; TORTIMA, Fernanda. *Evasão de divisas*. Rio de Janeiro: Lumen Juris, 2009, p. 24 e ss.

173 BRAITHWAITE, John. *Crime, Shame and Reintegration*. Cambridge: Cambridge University Press, 1989, cap. 4.

174 STEINERT, Heinz. "Más allá del delito y de la pena". In: CIAFARDINI, Mariano; ALAGIA, Alejandro (orgs.) *Abolicionismo penal*. Buenos Aires: Ediar, 1989, p. 49.

175 HULSMAN, Louk; CELIS, Jacqueline Bernat de. *Penas perdidas. O sistema penal em questão*. Trad. de Maria Lúcia Karam. Niterói: Luam, 1993, p. 63.

176 HULSMAN, op. cit., p. 64; BRAITHWAITE, op. cit., cap. 1.

177 HULSMAN, op. cit., p. 65.

178 Ibid., p. 67.

179 Ibid., p. 95.

180 Ibid., p. 99.

181 Ibid., p. 127.

182 BALL, Cristopher. *Exchanging Words*. Albuquerque: University of New Mexico, 2018, p. 197.

183 SCHIAVINI, Fernando. *De longe toda a terra é azul: memórias de um indigenista*. [S.l.]: [s.n.], 2016, cap. 15.

184 BRAITHWAITHE, op. cit., cap. 4.

185 Tribunal de Justiça de Roraima. Apelação Criminal 0090.10.000302-0 de 17/02/2016.

186 VILLEGAS DÍAZ, Wyrna; MELLA-SEGUEL, Eduardo. *Cuando la costumbre se vulve ley. La cuestión penal y la pervivencia de los sistemas sanctionatorios indígenas en Chile*. Santiago: LOM, 2017, cap. II.

187 ZAFFARONI, Eugenio Rául. "Prefácio". In: VILLEGAS DÍAZ; MELLA-SEGUEL. Op. cit.

188 LERNER, Gerda. *A criação do patriarcado*. São Paulo: Cultrix, 2019, p. 55.

189 LEACOCK, Eleanor. "Women in Egalitarian Societies". In: BRIDENTHAL, Renate; KOONZ, Claudia; STUARD, Susan. *Becoming*

Visible: Women in European History. Boston: Houghton Mifflin College, 1977, p. 27.

190 LERNER, op. cit., p. 183.

191 Ibid., p. 266.

192 SANDAY, Peggy Reeves. "Rape-Free versus Rape-Prone: How Culture Makes a Difference". In: TRAVIS, Cheryl Brown (ed.). *Evolution, Gender, and Rape*. Cambridge: MIT Press, 2003, p. 337.

193 CLASTRES, Pierre. *A sociedade contra o Estado*. Trad. de Theo Santiago. São Paulo: Ubu, 2017, p. 21.

Este livro foi composto com as fontes Baskerville e Minion Pro.
O papel do miolo é o Pólen Natural 80g/m2.

A Gráfica Viena concluiu esta impressão
para a Da Vinci Livros em agosto de 2025.
A primeira edição deste livro saiu em janeiro de 2023,
mês em que o Brasil foi vítima de uma tentativa
de golpe de Estado promovida por forças políticas e
militares fascistas. A todas elas, o lixo da história.